W0231860

apropos Helena Rubinstein

Mit einem Essay von
Michaela Wunderle

Verlag Neue Kritik

Michaela Wunderle, geboren in Dinkelsbühl. Zahlreiche
Übersetzungen aus dem Italienischen. Mehrere Buchveröf-
fentlichungen. Sie lebt als Übersetzerin und Autorin in
Frankfurt am Main.

Bildnachweise:
Bettmann: Seiten 60, 61, 67 / dpa: 65, 79, 84
Helena Rubinstein GmbH Erkrath: 54, 55, 59,
62-64, 69-71, 74, 80, 87 / Helena Rubinstein
Foundation New York: 66 / Hulton Deutsch: 78
Keystone: 56, 76, 77, 81, 82, 85 / Picture Press: 73
SüddeutscherVerlag: 83 / Transglobe: 58, 68, 72
Ullstein Bilderdienst: 86 / Weidenfeld Ltd. : 57

Die Deutsche Bibliothek – CIP-Einheitsaufnahme
Apropos Helena Rubinstein / mit einem Essay von Michaela
Wunderle – Frankfurt am Main : Verl. Neue Kritik, 1995
 (Apropos ; 4)
 ISBN 3-8015-0290-2
NE: Wunderle, Michaela; GT

© Verlag Neue Kritik KG Frankfurt am Main 1995
Umschlag Helmut Schade
Satz Delanor Frankfurt
Druck Druckerei Dan Ljubljana, Slowenien

Inhalt

Essay
Michaela Wunderle, Die Gigantin   7

Bilder   53

Stimmen
Patrick O'Higgins, Madame kommt immer zuerst 90
Sybille, »You have to be klug« 102
Claire Goll, »Unüberbietbar geizig« 111
Janet Flanner, Die Kunstsammlerin 115
Helena Rubinstein, Im Kampf gegen die Zeit 120
Patrick O'Higgins, Besuch in Israel 125
Wörter begeisterten sie nicht. Ein Nachruf   130

Lebensdaten   136
Bibliographie   137
Text- und Übersetzungsnachweise   138

Michaela Wunderle
Die Gigantin

Helena Rubinstein war schon hochbetagt, als sie Picasso in seinem Haus bei Cannes für ein Porträt Modell saß. Die folgende Unterhaltung ist in ihren Memoiren überliefert: »»Ich muß ein paar Auskünfte haben, Helena... wie ein Polizist!‹ Dabei zeichnete er rasch und stieß grunzende Laute der Befriedigung aus. ›Erstens, wie alt sind Sie?‹ fragte er. ›Älter als Sie‹, erwiderte ich, was ihm zu gefallen schien. Dann betrachtete er mich lange. ›Sie haben große Ohren‹, stellte er fest. ›So groß wie meine. Auch Elephanten haben große Ohren und sind sehr langlebig. Das gilt auch für uns!‹ Er legte den Stift hin und vertiefte sich noch eingehender in meine Züge. ›Der Abstand zwischen Ihren Ohren und Ihren Augen ist genau derselbe wie bei mir!‹ rief er voller Freude. ›Was bedeutet das?‹ ›Daß Sie ein Genie sind – genau wie ich!‹«

Ein geniales Gespür für die Möglichkeiten neuer Märkte stellte die Gründerin eines weltweiten Kosmetik-Imperiums zeitlebens unter Beweis. Aus einigen Tiegeln selbstgerührter Creme, mit denen die Self-made-Geschäftsfrau ihre Karriere begann, machte sie ein 100-Millionen-Dollar-Vermögen.

Die erfolgreiche Unternehmerin war bereits von Dali, Dufy, Tchelitchew, Marie Laurencin und anderen gemalt worden. Was ihr noch fehlte, war ein Porträt von der Hand des berühmtesten zeitgenössischen Malers. Helena Rubinstein kannte und bewunderte Picasso seit Jahrzehnten und war im Besitz vieler seiner Bilder. Doch der Maestro zeigte wenig Lust, die Eitelkeit der Frau zu befriedigen, die ihm die Zusage zu einem Porträt nur durch beharrliches Drängen abgerungen hatte. Mehr als die Skizzen kamen niemals zustande. »Wozu die Eile?« pflegte der listige Picasso, damals 74, auf ihre Nachfragen zu antworten. »Wir beide haben noch viele Jahre vor uns. Zeit in Hülle und Fülle.«

Es war eine der wenigen Niederlagen, die Helena Rubinstein jemals widerfuhren. Noch ein Jahrzehnt später, kurz vor ihrem Tod 1965, hoffte sie, daß sie das Bildnis endlich zu sehen bekäme. Damals teilte Helena Rubinstein der staunenden Welt zum ersten Mal ihr Alter mit, getreu ihrer Devise, eine Frau solle »der Welt und sich selbst gegenüber aufrichtig sein«, wenn sie, »sagen wir, das neunte Jahrzehnt überschritten hat«. Helena offenbarte, sie sei 94 Jahre alt. »Die Arbeit war mein bestes Schönheitsmittel. Ich schwöre auf harte Arbeit. Sie verhindert seelische und geistige Faltenbildung«, verkündete sie in ihren Memoiren. Wenige Tage nach deren Beendigung starb die »vielleicht erfolgreichste Geschäftsfrau der Welt« (*Life* Magazine).

Sie hinterließ, über fünf Kontinente verstreut, vierzehn Fabriken, 32 Schönheitssalons und über 100 Firmen-Gesellschaften mit insgesamt 30 000 Beschäftigten. In ihrer Branche keineswegs die einzige bedeutende Unternehmerin, wurde dennoch keine so bekannt wie sie. »Ein Beruf wird oft durch einen bestimmten Menschen versinnbildlicht. Der Prototyp des Gartenarchitekten ist Le Notre, der des Automobilfabrikanten Ford. Vor mir gab es keine Kosmetikerinnen, keine Schönheitssalons und keine weitverbreiteten Schönheitsmittel«, schrieb sie unbescheiden, aber zutreffend. »Es war mein Schicksal, einen neuen Beruf zu schaffen und eine Industrie ins Leben zu rufen, die heute in den Vereinigten Staaten an siebenter Stelle steht.« Helena Rubinstein, mit knapp 1,45 m winzig von Gestalt, war eine Frau der Superlative. Sie veränderte Gesicht und Gewohnheit von Frauen wie niemand zuvor. Die Pionierin der Schönheitsindustrie erfand das moderne Make-up, integrierte Gymnastik und Diät in die Schönheitspflege und kreierte bereits in den vierziger Jahren Kosmetika für Männer. In East Hills, New York, besaß Helena Rubinstein die größte Fabrik, die je eine Frau errichten ließ.

Ihr innovativer Geist ersann neue Vermarktungsstrategien und originelle Werbemethoden. So ließ sie, um ein Eau de Toilette namens *Heaven-Sent* zu lancieren, 1942 vom Dach eines Hochhauses an der Fifth Avenue 500 pinkfarbene und blaue Ballons aufsteigen. Das bunte Luftgeschwader verursachte einen Menschenauflauf. Siebenhundert Frauen griffen nach den Körbchen, das an jedem der sacht zur Erde schwebenden Ballons hing: jedes enthielt einen Flakon in Gestalt eines Engels, und der brachte die Botschaft: *»Out of the Blue to You«.*

Die beste Promotion von Helena Rubinstein war zweifellos Helena Rubinstein selbst. Um das luxuriöse Flair ihrer Kosmetika zu unterstreichen, stilisierte sie sich zu einer Gestalt von internationalem Glamour. Sie sammelte alles, was schön, ausgefallen oder teuer war: kostbaren Schmuck, elegante Kleider, moderne Gemälde und afrikanische Kunst. Ihre Juwelen waren legendär. Mondäne Journale beschrieben die bizarre Opulenz ihrer Wohnungen.

Noch im Tode überzeugte Helena Rubinstein durch ein perfektes Make-up. Zum letzten Mal nach den Regeln ihrer

Kunst hergerichtet, lag sie, von verschwenderischen Blütenkaskaden gerahmt, drei Tage lang öffentlich aufgebahrt. Sechstausend Menschen zogen an dem Sarg der Frau vorüber, die ihren Namen zum Markenzeichen für Jugend und Schönheit gemacht hatte. »Nie werde ich den Adel ihrer Züge vergessen«, schrieb ihr langjähriger Sekretär Patrick O'Higgins in aufrichtiger Bewunderung. »Das Kinn, die Nase, die Jochbögen waren ausdrucksvoll, fest und mit dem exquisitesten Violett, das ich je gesehen habe, hauchfein getönt. Ihre Haut schimmerte, ihr Haar glänzte, sie war im Grunde faltenlos; die blauen Adern an ihren Schläfen wirkten, als seien sie mit höchstem künstlerischem Geschick gezogen worden.«

Helena Rubinstein starb am 1. April 1965 in New York. Zur Welt gekommen war sie in Krakau, Polen, am 25. Dezember. Unklarheit herrscht über ihr Geburtsjahr. Viele Nachschlagewerke nennen 1881 bzw. 1882. Wenn sie in ihrem Todesjahr jedoch wirklich 94 Jahre alt war, muß sie 1871 geboren sein. 1871 stand auch in ihrem Paß, laut Patrick O'Higgins, der darin nachgesehen haben will.

Fest steht, daß Helena Rubinstein die älteste von sieben Schwestern war, eine Tochter aus gutem jüdischem Hause. Die Familie verkehrte in den Herrschaftshäusern der alten, liberalen Universitätsstadt, die damals zu Habsburg gehörte. Helena wuchs in der »warmen Atmosphäre einer geeinten und zahlreichen Familie« heran, früh mit häuslicher Verantwortung betraut. Sie regierte das Kinderzimmer mit solch absoluter Autorität, daß die jüngeren Schwestern sie die »Adlerin« nannten. Im Mittelpunkt des Hauses stand die Mutter, Augusta Rubinstein, die großen Wert auf gute

Haltung, schönes Haar und makellose Haut legte. Sie pflegte sich und die Töchter mit einer Creme, welche, ungewöhnlich genug, nicht nach einem überkommenen Familienrezept, sondern von den ungarischen Brüdern Lykusky hergestellt wurde, zwei seriösen Chemikern, denen die Creme von der Modjeska, der beliebtesten Schauspielerin Krakaus, in Auftrag gegeben worden war. Die hatte sie ihrer Freundin Augusta weiterempfohlen.

Der Vater, ein Kaufmann, lenkte Helenas Interesse auf das weite Gebiet außerhab des Hauses, auf dem sich seine geschäftlichen Eroberungen und Erfolge abspielten. Leider auch zahlreiche Niederlagen, denn Horaz Rubinstein war als Geschäftsmann wenig erfolgreich. Wie Augusta entstammte er einer begüterten Familie, hatte dank der Neigung zum »Phantastischen und Verspielten« sein Vermögen indes bald durchgebracht und mußte den Unterhalt für seine Familie durch den Handel mit Lebensmitteln verdienen. Immer wieder geriet er in finanzielle Turbulenzen, die den Wohlstand der Familie gefährdeten, Helena aber offenbar anspornten, dem Vater zu helfen, ihrem »Abgott«, dessen große Bildung und Kunstgeschmack sie bewunderte.

Zweifellos förderte Horaz Rubinstein, ein unkonventioneller Mann, den Unternehmungsgeist seiner ältesten Tochter, indem er mit ihr seine Geschäftsprobleme erörterte. Die Gymnasiastin war knapp fünfzehn, da verließ sich der Vater schon auf ihre Hilfe bei der Buchhaltung. Vielleicht suchte Horaz auch einen Ersatz für den Sohn, der noch als Säugling gestorben war. Ob Helena glaubte, gegen den Schatten dieses toten Bruders ankämpfen zu müssen, um vom Vater geliebt zu werden? Entsprang jener »Dämon«, der sie, wie sie später schrieb, zu immer neuen, größeren Aufgaben trieb, der Kränkung, nur zweite Wahl zu sein? Welch omnipotenten Phantasien sie zum Ausgleich dafür nachgehangen haben mochte, was sie später verwirklichte, war nicht weniger grandios.

Eine Anekdote besagt, wie selbstbewußt und unbekümmert sie die engen Grenzen überwand, die ihrem Geschlecht damals gesetzt waren. Mit knapp sechzehn verfiel sie auf die tollkühne Idee, den erkrankten Vater auf einem geschäftlichen Termin außerhalb Krakaus zu vertreten. Von einem alten Diener begleitet, durfte sie fahren und brachte, selbstredend, dem Vater einen günstigen Abschluß mit nach Hause.

Helena begann ein Medizinstudium, angeblich, weil der Vater von einem Arzt in der Familie träumte, aber wohl auch, weil ihr ein Leben als Gattin und Mutter zu beschränkt erschien. Kaum eine Handvoll Frauen studierte damals an der Universität Krakau. Zu diesen Pionierinnen wollte sich Helena gesellen. Doch das ehrgeizige Vorhaben scheiterte; Helena konnte kein Blut sehen. Statt dessen verliebte sie sich in einen Medizinstudenten, der, als er beim Vater um ihre Hand anhielt, im hohen Bogen hinausflog. Es folgten Tränen, Szenen und Drohungen. Vom zürnenden Vater unter Hausarrest gestellt, sann die Widerspenstige indes ungezähmt auf Flucht, nicht nach Paris oder ins nahe Wien, sondern auf die andere Hälfte der Erdkugel, nach Australien. Dort hatte sich Onkel Louis, ein Bruder ihrer Mutter, vor einigen Jahren niedergelassen.

Mit dem Segen des Vaters versehen brach Helena auf. Die Mutter verstaute noch zwölf Cremetiegel im Gepäck. Ihre Tochter machte, anders als die meisten Goldsucher, die damals nach Australien fuhren, dort ihr Glück. Sie brachte ihren Goldschatz selber mit.

Nach drei Monaten legte das Schiff in Melbourne an. Was immer Helena im Sinn gehabt haben mochte, als sie von Bord stöckelte – eine energische, sehr kleine und wohl auch sehr anziehende junge Frau –, eine Ehe war es nicht. Auf der Überfahrt hatte sie gleich drei Heiratsanträge erhalten. Das kategorische »Nein«, das Helena Rubinstein als Geschäftsfrau später berühmt machte, scheint ihr schon damals nicht schwer gefallen zu sein.

Ein deutliches Nein beschied sie auch einem jüngeren Onkel, der wenig später auf der Ranch in Coleraine, Queensland, um die achtzehnjährige Helena anhielt. Coleraine, ein Nest von 2 000 Einwohnern, umgaben endlose Weiden. Eine herbe Einöde, bewohnt von Goldwäschern, Siedlern und Viehzüchtern, die, mit ihren Schaf- und Rinderherden beschäftigt, anspruchslos dahinlebten. Außer Ausritten bot das Landleben keinerlei Abwechslung zum müßigen Dasein einer Nichte des Ranchbesitzers. Bis sich eines Tages ergab, daß der alte Apotheker von Coleraine eine Präparatorin suchte. Die Arbeit gefiel Helena. Onkel Louis wiederum erboste, daß seine junge Nichte Salben, Kräuter und Chemiebücher einer Ehe vorzog.

Den Ausweg bot eine Bekannte, die Helena auf der Überfahrt kennengelernt hatte. Die junge Engländerin, mit dem Adjutanten des Gouverneurs in Melbourne verheiratet, lud Helena zu sich ein. Gegen den Willen der Verwandten, doch mit Zustimmung des Vaters nahm sie so ihr Leben zum zweiten Mal in die eigene Hand. Sie zog nach Melbourne um. Dort teilte sie zunächst das gesellige Leben des kosmopolitischen Kreises um den Gouverneur Lord Lemington, besuchte Bälle und Empfänge und revanchierte sich für die Gastfreundschaft, indem sie die Kinder ihrer Freundin hütete. Der Aufenthalt im eleganten Haus ihrer Freundin war indes keine Lösung von Dauer für sie. Helena suchte nach Möglichkeiten, die es ihr gestatteten, auf eigenen Füßen zu stehen.

Schon in Coleraine hatte Helenas frischer Teint bei den Farmersfrauen Aufsehen erregt, deren Haut, vom heißen, trockenen Klima Australiens gegerbt, förmlich nach einer Creme dürstete. Großzügig verschenkte sie solange ihre Tiegel, bis die mütterlichen Sendungen nicht mehr ausreichten. Was tun?

Wider Erwarten überließen ihr die Brüder Lykusky das Rezept der Creme. Helena kehrte ins Hinterzimmer des alten Apothekers zurück, um dort Öl und Pflanzensäfte zu mischen und ein Produkt in Töpfchen abzufüllen, das seine Abnehmerinnen nicht lange zu suchen brauchte. Die Creme war in Melbourne nicht weniger gefragt als in Coleraine. Der Ruf des neuen Schönheitsmittels verbreitete sich so lawinenartig, daß ein junger Journalist, für eine amerikanische Zeitung auf Rundreise durch Australien, bei Helena erschien, um einen Artikel darüber zu schreiben. Edward Titus, Pole mit amerikanischem Paß, riet ihr, in Inseraten für den Postversand ihrer *Creme Valaze* zu werben. Das hatte bisher noch niemand versucht. Das Ergebnis übertraf jede Erwartung: 15 000 Bestellungen gingen ein, denen ein Scheck beigelegt war – Helenas erste lehrreiche Erfahrung mit der Macht der Presse und den Möglichkeiten der Werbung.

Unverhofft verfügte sie nun über das Kapital, um den entscheidenden nächsten Schritt zu tun. Von ihrer Freundin Helen MacDonald lieh sich Helena noch zweihundertfünfzig Pfund dazu, die einzigen Schulden, die sie zeitlebens machte. Außerdem orderte sie bei den Lykuskys in Polen eine ganze Schiffsladung der Creme.

Dann, 1899, eröffnete Helena Rubinstein in einer belebten Straße von Melbourne den ersten Schönheitssalon Australiens, einen dreifach unterteilten Raum, mit Bambusmöbeln möbliert, an den Fenstern aus weißen Batistkleidern genähte Vorhänge. Ein Zimmer diente als Labor, Büro, Abfüll- und Packraum zugleich. Über der Tür, zum ersten Mal für die Öffentlichkeit, ihr Name.

Drinnen wartete Helena auf Kundinnen, in einem weißen Kittel, die nach hinten gebürsteten Haare zu einem Knoten geschlungen. Die strenge Frisur entstand aus dem Zeitmangel der bis zur Erschöpfung arbeitenden Helena. Doch als Rahmen für Helenas ausdrucksvolles Gesicht war sie perfekt. Helena Rubinstein änderte sie nie mehr, weil, so die *Vogue*-Chefredakteurin Edmonde Charles-Roux, »jedes Zugeständnis an die Mode ein Irrtum gewesen wäre«).

Eine der ersten Kundinnen ist Nellie Stewart, eine schöne englische Schauspielerin, der die australische Sonne die Haut ausdörrt. Nellie Stewart ist von der *Creme Valaze* so begeistert, daß bald noch eine Berühmtheit die zwei Treppen zu Helena hinaufsteigt. Die Opernsängerin Nellie Melba erscheint im pailettenbestickten Kleid und einem Hut mit wallenden Straußenfedern. »Mit ihrer prachtvollen Stimme sagte sie: ›Wenn Sie Miss Stewarts Pfirsichhaut zurückgezaubert haben, können Sie auch mir zu einem Teint verhelfen, der zu meiner Stimme paßt!‹« Und sie schmettert eine Arie aus »Aida«. Nellie Melba zieht es vor stehenzubleiben, wohl wegen ihres sperrigen *Cul de Paris*. Um ihre Haut in Augenschein zu nehmen, muß die winzige Helena auf einen Stuhl klettern.

Die *Creme Valaze* war noch Jahrzehnte später, in verbesserter Form, als *Skin Food* und dann als *Wake-up-Cream* im Rubinstein-Sortiment. Helena Rubinstein benutzte die »wunderbare Mischung aus seltenen Kräutern, der Essenz orientalischer Mandeln und dem Extrakt aus der Rinde immergrüner Bäume« angeblich bis an ihr Lebensende. Patrick O'Higgins dagegen schrieb, er habe das Urrezept der Creme gelesen; demnach enthielt Helena Rubinsteins Erfolgscreme nicht mehr als ein paar banale Kräuter, mineralisches Öl, Zeresinwachs und Sesam.

Dennoch scheint sie für die ausgetrocknete Haut australischer Frauen eine Labsal gewesen zu sein. Einer der Brüder Lykusky, aus Polen herbeigeeilt, übernimmt gegen eine Umsatzbeteiligung die Herstellung. Helena lernt, Helena experimentiert. Bald unterscheidet sie die Haut in drei Typen und beginnt, ihre Pflegemittel entsprechend zu variieren. Sie formuliert das oberste ihrer künftigen Gebote, den Dreischritt von Reinigen, Klären und Pflegen, den heutzutage Millionen Frauen tagtäglich so klaglos absolvieren wie Zähneputzen.

Langsam schwindet die viktorianische Furcht vor Schönheitspflege. Anderthalb Jahre nach ihrer Ankunft in Australien eröffnet Helena Rubinstein einen größeren Salon. Sie stellt eine Sekretärin ein, die die Briefe beantwortet, die zu Tausenden aus allen Gegenden Australiens kommen. Der Versand der Creme floriert.

Helena rechnet, Helena spart. Nach einem Jahr haben sich

Miß MacDonalds zweihundertfünfzig Pfund in ein Bankguthaben von zwölftausend Pfund verwandelt. Jeder Tiegel bringt Helena Rubinstein einen Gewinn von zwölf Cents. Mit Herstellung und Verkauf der *Creme Valaze* könnte sie bequem weitermachen. »Damit wäre ich sehr rasch vielfache Multimillionärin geworden.« Doch der »alte Dämon begann mich wieder zu verfolgen«. Der gerade Weg ist ihr offenbar zu übersichtlich, zu bequem, obwohl ihr alle dazu raten, der Onkel, die Freundinnen und Ceska, die drittälteste Schwester, die aus Polen nachgekommen ist. Doch Helena strebt nach Höherem. Ist es möglich, eine wissenschaftliche Formel gegen das Altern zu finden? Mittel und Maßnahmen, die eine fortwährende Erneuerung des Körpers erlaubten? Dann könnte eine gültige Lehre zur Erlangung von Gesundheit und Schönheit aufgestellt werden. Ihre Memoiren berichten, daß sie, nach einer quälenden Nacht, trotz Beruhigungsmittel zwischen euphorischem Höhenflug und Angst schwankend, die Entscheidung fällt. Die grandiose Selbstidealisierung heißt: Ich werde diejenige sein, die den Frauen die Angst vor dem Alter nimmt! Es muß mir gelingen, eine Festung gegen die Attacken der Zeit zu bauen! Wie Dorian Gray mit dem Teufel paktiert, um Jugend und Schönheit zu erhalten, so weiht sich Helena Rubinstein der Wissenschaft. Sie fährt zum Studium nach Europa.

Dort unternimmt Helena einen kurzen Besuch in die Heimat. »Das schlafende Krakau ließ mich besser verstehen, wie sehr ich mich selbst verändert hatte.« Von Krakau geht die Reise weiter nach Paris, Wien, Dresden, Berlin, München und Hamburg. Sie studiert bei bedeutenden Dermatologen und Chemikern die Funktionen und den Aufbau der

Haut, besucht Kliniken und informiert sich über die Anfänge der kosmetischen Chirurgie. In Wien begegnet sie Dr. Emmie List, einer hervorragenden Dermatologin, später eine ihrer treuesten Mitarbeiterinnen. Sie lernt die Wasser- und Lufttherapie eines Dr. Kneipp kennen, der im Harz eine gutgehende Klinik betreibt, und befaßt sich mit Diäten und deren Auswirkung auf den Stoffwechsel. Sie knüpft Beziehungen und läßt sich anregen von dem Blick in eine Zukunft, in der dank des Fortschritts von Wissenschaft und Technik alles möglich scheint. Schon ist die Überwindung der Schwerkraft und der Entfernung durch Motoren kein Traum mehr. Erste Ozeanriesen werden gebaut. Die Elektrizität tritt ihren Siegeszug an. Moderne Kunst und Psychoanalyse beunruhigen das Denken. Naturheilkundler und Sportapostel verkünden: Lebe richtig, iß richtig, bewege dich richtig, und du wirst gesund sein. Und schön.

Damals festigte sich in Helena Rubinstein die Überzeugung, daß die wissenschaftliche Schönheitspflege – Hormone, Vitamine, Elektrizität, ja sogar die kosmetische Chirurgie – früher oder später »des Altersverfalls Herr werden« könnten. Noch am Ende ihres Lebens, als kein Zweifel daran blieb, daß die Zeit doch stärker war als sie, glaubte sie, daß sich der alte Menschheitstraum dereinst erfüllen würde. Hatte sie doch, wie sie triumphierend feststellte, im Vergleich zur vorigen Generation schon »mindestens fünfzehn Jahre gewonnen«.

Zurück in Australien eröffnet sie ihren Kreuzzug gegen die Zeit mit verbesserten Waffen. Neue Produkte und neue Werbung lassen die Verkaufsziffern in schwindelerregende Höhen steigen. Sie offeriert nun auch spezielle Cremes für

Tages- und Nachtzeiten, eine Idee, so simpel wie für die Förderung des Umsatzes genial.

Helena Rubinstein beginnt mit der Ausbildung von Assistentinnen für Beratung und kosmetische Behandlung. Sie gründet Filialen in den anderen Städten, organisiert, rationalisiert und will jedes Räderwerk ihres Unternehmens selbst kennenlernen, leidenschaftlich an den winzigsten Details interessiert: schon damals eine absolute Beherrscherin der von ihr geschaffenen Welt! Jo Swerling verglich sie im *New Yorker* später mit William Randolph Hearst, dem Pressemogul, der in ganz Amerika Zeitungen besaß. »Der *American* in Boston hat ihn vielleicht ein paar Jahre lang nicht zu Gesicht bekommen, aber Hearst weiß genau, was dort vor sich geht. Mit Rubinstein ist es ebenso. Sie reist vielleicht fünf Jahre lang nicht zu ihrer Firma nach Melbourne, aber sie ist durch tagtägliche Rapporte exakt informiert.« Der Hang zur Kontrolle mag im übrigen einer der Gründe sein, warum sie die leitenden Positionen ihrer Firmen stets bevorzugt mit Mitgliedern ihrer Familie besetzte, mit vier Schwestern, ihren beiden Söhnen, der Nichte Mala und und dem Neffen Oscar Kolin.

Von Australien aus gesehen, ist London die reichste, unterhaltendste, eleganteste aller Metropolen. »Infolgedessen stellte ich mir einen Geschäftserfolg in dieser Stadt als erstrebenswertestes Ziel vor.« Helena Rubinstein beschließt, einen neuen Start in England zu wagen. Ceska, inzwischen Mrs. Edward Cooper, übernimmt die Leitung des Geschäfts. Doch dann geschieht etwas, das in Helenas Lebensentwurf nicht vorhergesehen ist. Der Journalist Edward Titus bittet sie um ihre Hand. Helena ist inzwischen über dreißig und

»ernsthaft in ihn verliebt«. Dennoch gibt sie ihre Unabhängigkeit nicht auf. Sie verläßt Australien ohne ihn.

»London war damals – weit mehr als Paris – die Hochburg des Luxus. Das Geld kursierte hier, im Mittelpunkt eines fabelhaft reichen Landes, in üppigem Maße. Es war eine Zeit, in der man auf einem Kostümball, den die Herzogin von Devonshire gab, die Gastgeberin in einem golddurchwirkten, ganz mit Saphiren und Smaragden besetzten Gewand sehen konnte. Gräfin Dudley trug bei dieser Gelegenheit den größten Brillanten der Welt, und Lady Ilches trat mit den berühmten schwarzen Perlen auf, die Napoleon III. aus allen Teilen der Welt zusammengetragen hatte, um das Halsband der Kaiserin anzubieten.« Dieser Reichtum verlockte Helena Rubinstein dazu, ein ehrgeiziges Programm in Angriff zu nehmen. Sie besaß ein Startkapital von 100 000 Dollar, dazu Erfahrung, Phantasie und Verstand. Doch sie war jung, weiblich, ledig und unbekannt. Dazu sprach sie nicht sehr gut Englisch. Schlechte Karten für die englische Oberschicht, in der man nur Menschen grüßte, die einem vier bis fünf Mal vorgestellt worden waren und den Tonfall von Oxford besaßen.

Ein Jahr später verkehrte sie bereits im Haus der mondänen Lady Asquith, Gattin des damaligen britischen Premierministers und eine von tausend Abonnentinnen, die sich in dem neuen *Salon de Beauté Valaze* angemeldet hatten. Die russische Zarin erschien zwar nicht persönlich, doch 1914 empfing Helena Rubinstein einen Sonderbeauftragten, der einen ansehnlichen Vorrat an Tiegeln und Tuben für sie abholte.

Helena richtete den *Salon de Beauté Valaze* im Stadthaus von Lord Salisbury ein, das dieser zur Miete freigegeben hatte. Sie verwandelte das Herrenhaus in Mayfair in ein aufsehenerregendes Mekka weiblicher Schönheit. Die Ausstattung der sechsundzwanzig Zimmer befriedigte jeden Wunsch nach Luxus. Die starken warmen Farben des Dekors leuchteten aus dem düsteren Einerlei der viktorianischen Epoche wie Signale einer neuen Zeit. Purpur und Magentarot, Orange und Gelb, Schwarz und Gold in kühnen Kombinationen hatte Helena an dem Bühnenbild bewundert, das Léon Bakst und Alexandre Benois für Sergei Diaghilews »Ballet Russe« gestaltet hatten. Zum Gastspiel der Truppe hatte Edward Titus sie geführt.

Der Journalist, Korrespondent verschiedener amerikanischer Zeitungen, war ihr nach London gefolgt. Der intellektuelle Titus pflegte sich gern mit Schriftstellern und Künstlern zu umgeben, etwas, das, wie sie in ihren Memoiren schrieb, ihre Neugier und Phantasie reizte; er war wißbegierig und extrovertiert. Offen für neue Ideen war auch Helena. Doch sie war eher zurückhaltend. Edmonde Charles-Roux schrieb später: »Sie hat ihre einfache, wohlüberlegte und ernste Sprache behalten. Ihre Redeweise ist noch immer langsam, charakterisiert durch einen unbestimmbaren Akzent, den sie in alle Sprachen überträgt.« Helena hörte lieber zu, als selbst zu sprechen. Ihre Nichte Mala berichtete, wie ihre Tante daraus eine erfolgreiche Verhandlungstaktik zu machen verstand: Sie wartete ab, bis ihr der richtige Moment zum Eingreifen gekommen schien. Wie gesagt, ihr Nein war berühmt.

Geduldig wartete Helena Rubinstein auch, bis Edward Titus sie zum zweiten Mal um die Hand bat. Diesmal war die Antwort ja.

Der einfallsreiche Titus wurde ihr Werbemanager, bevor es

diesen Beruf gab. Sein erfolgreichster Slogan hieß: Werde schön mit Helena! Doch entgegen seinem Ratschlag setzte sie in London zunächst nur auf Mund zu Mund-Propaganda. »Ein exklusives Haus wirbt nicht mit Inseraten.« Die ersten, neugierigen Kundinnen huschten nur tief verschleiert ins Haus, so tief saß noch die puritanische Furcht, beim Gang ins Schönheitsinstitut ertappt zu werden. Das Personal war angewiesen, unverhoffte Begegnungen in den Korridoren zu verhindern. Den Durchbruch brachte indes die Behandlung einer durch Akne grausam entstellten Herzogin. Helena verhalf ihr mit einer von Impfungen und Diätempfehlungen begleiteten Schälkur zu neuer zarter Haut. Als die Herzogin mit ihrem Gatten nach Indien umzog, schickte sie Helena fortan Maharanis mit unreinem Teint ins Haus. Helena kurierte sie mit *Pomade noir.* Die Maharanis überhäuften sie dafür mit Juwelen.

Im prüden viktorianischen England mehrten sich die Zeichen, die erkennen ließen, daß sich untergründig ein neues Körpergefühl ausbreitete. Die extravagante Lady Asquith machte Paul Poiret in London bekannt, den Modeschöpfer aus Paris, der es als erster gewagt hatte, Busen und Taille aus der Gefangenschaft der Korsettstäbe zu erlösen. Auch Helena Rubinstein trug bald bevorzugt Poirets lose fallenden Roben aus kostbarstem Stoff. Daß die Auftritte der Tänzerin Isadora Duncan kein Skandal provozierten, sondern London zu Beifallstürmen hinrissen, zeigt, in welche Richtung der Zeitgeist wies. Duncan propagierte Einfachheit, Freiheit und die Rückkehr zum einfachen Leben; Prinzipien, die ihre weißen fließenden Gewänder ausdrücken sollten, die vom strengen Kodex des klassischen Balletts befreiten Bewegungen, die bloßen Füßen und das wehende Haar. Tanz und Bühnenbild spielten auf die griechische Antike an, damals ein geläufiges Motiv für die Schönheit des einfachen Lebens. Helena Rubinstein nahm die Botschaft der radikalen Körpersprache Isadora Duncans begeistert auf und interpretierte sie auf ihre Weise. Überzeugt davon, daß der befreite Körper spezieller Pflege bedürfe, entwarf sie ein kosmetisches Programm dafür.

Unleugbare kosmetische Erfolge waren der überzeugendste Beweis für die Effizienz ihrer Methoden, auf deren Wissenschaftlichkeit hinzuweisen Helena Rubinstein nicht müde wurde. Um Assoziationen zur medizinischen Therapie zu wecken, führte sie Begriffe wie »Sitzung« und »Behandlung« für ihre kosmetischen Dienste ein. Jahrzehntelang gab es keine Anzeige, die nicht ihr Konterfei im weißen Kittel gezeigt hätte: Helena Rubinstein, im Labor hantierend, rastlos neue Schönheitsformeln suchend. Das Bild war so überzeugend, daß die Verkäuferinnen, wenn mäkelige Kundinnen nach etwas Besonderem suchten, eine Tube ohne Label hervorholten und wisperten: »Das ist Madames eigene Creme.« Die war der Kundin jeden Preis wert.

Der Verweis auf Wissenschaft war indes nicht nur Imagepflege und Werbestrategie. Helena Rubinstein bereiste die ganze Welt auf der Suche nach neuen Wirkstoffen. Sie beschäftigte Chemiker und Dermatologen für die Entwicklung neuer Produkte und die Verbesserung der alten. Am glücklichsten sei sie gewesen, sagte sie zu Patrick O'Higgins, wenn sie in dem Labor für Kosmetikchemie experimentierte, das ihrer ersten, 1911 in Saint Cloud bei Paris gegründeten Fabrik zur Fertigung von Schönheitsmitteln angeschlossen war. Fabrik und Labor waren in Europa die ersten ihrer Art. Noch steckte die Kosmetikchemie in den allerersten Anfängen. Künstliche Rohstoffe sollten in der Folge die teuren Naturrohstoffe aus der kosmetischen Fertigung verdrängen. Ein Prozeß, der im übrigen dazu führte, daß wir heute, bei Benutzung einschlägiger Kosmetika, von den Fußnägeln bis zu den Haarspitzen mit Tausenden von biologisch gefährlichen und giftigen Chemikalien in Berührung kommen.

Helena Rubinstein hingegen erhoffte sich damals von der neuen Wissenschaft mit missionarischer Begeisterung große Fortschritte in der Bekämpfung des Alters. Im Dachgeschoß des Londoner Salons befand sich eine »Küche«, wie sie ihre Labors zu nennen pflegte, als wäre dort der ewige Alchimist am Werke. Der fand den Stein der Weisen nie. Aber was Helena Rubinstein zusammenrührte, war Gold wert: Die erste Anti-Akne-Serie der Welt, die sie mit der aus Wien angereisten Ärztin Emmie List entwickelte. Dr. List verbesserte die Schälkur, experimentierte mit naturheilkundlichen Diäten und dem Einsatz von Elektrizität am lebendigen Objekt. Dafür zahlten die Damen der Gesellschaft klaglos horrende Summen. Der Ärztin oblag auch die Ausbildung sorgfältig ausgesuchter Assistentinnen. Sie mußten, vor jeder Kompetenz, gute Manieren, Diskretion und schöne Hände vorweisen – die hatten die Kundinnen ja ständig vor Augen. Helenas jüngste Schwester Manka kam aus Krakau angereist und übernahm die Aufsicht im Hause. Helena Rubinstein herrschte über ein Reich von Frauen.

»Das gesellschaftliche Leben, das ich in nun in London führte, übertraf alles, was ich mir in meinen Jungmädchenträumen in Krakau vorgestellt hatte.« Bälle und Soupers in den Häusern der Aristokraten und Diplomaten wechselten mit Einladungen bei Künstlern und Schriftstellern, Titus' Freunden, unter ihnen auch Jacob Epstein, der Bildhauer, der Helenas Interesse für schwarzafrikanische Skulpturen weckte. Bei ihren eigenen Dinners in der Wohnung im dritten Stock über dem Salon bewies sie raffinierte Gastlichkeit. Sie pflegte die Tische in unterschiedlichen Farbtönen zu decken; waren Tischtuch, Blumenschmuck und Geschirr auf Rot abgestimmt, ließ sie Lachs, blutiges Roastbeef und Erdbeermousse servieren. Bei Titus' Künstlerfreunden beliebter waren die Gerichte, die Helena auch vorzog: polnische Gemüsesuppen mit Sauerrahm, Krakauer Würste, Piroggen oder Fisch in Dill und Rotwein. Nach den Parties, spät nachts, werkelte sie oft noch in ihre »Küche« im Dachgeschoß, bis ihr vor Müdigkeit die Augen zufielen. Viel Schlaf brauchte Helena Rubinstein freilich nie.

Die Gesellschaftsjournale begannen, über die Roben von Poiret und Worth zu schreiben, die sie bei Bällen und Empfängen trug. »Eine aufsehenerregende Garderobe ist auf meinem Berufsgebiet unerläßlich«; sie garantierte Publicity. Da sie sehr klein war, wählte sie meist schlichte, fast strenge Kleider. Das dramatische Gegengewicht dazu schufen Broschen, Halsketten und Ohrgehänge. Jean Cocteau begegnete ihr zum ersten Mal abends. »Im Licht der Scheinwerfer funkelte eine Konstellation von Smaragden, die den Eindruck erweckten, daß die Hände der Frau Fackeln trügen und ihr Hals von Flammen umgeben wäre. Ein Reliquienschrein, ein Totem, eine javanische Göttin, so spazierte sie durch die Welt. Ich jedenfalls sah sie nie mit weniger als acht Reihen Perlen.« Die erste Kette kaufte Helena

Rubinstein auf der Hochzeitsreise, als sich Edward Titus für ihren Geschmack zu intensiv mit einer anderen Frau unterhielt. Fortan pflegte Helena nach Streitereien mit Titus Perlen zu kaufen. Sie besaß bald eine ganze Menge davon.

1909 kam ihr erster Sohn Roy zur Welt. 1871 als ihr Geburtsjahr vorausgesetzt, war Helena bereits achtunddreißig, ein Alter, in dem die Frauen damals Großmütter wurden. Die Schwangerschaft hinderte sie nicht daran, in Paris einen neuen Salon zu eröffnen. »Nie hatte ich mich wohler gefühlt, und Edward ermutigte mich zu allem, was mich glücklich machen würde.« Paulina, die zweitälteste Schwester, sprang in Paris ein, als Helena nach London zurückkehrte.

Nach der Geburt des ersten Sohnes bezog die Familie ein großes Landhaus in der Nähe von London. Roy absolvierte später ein Studium in Princeton und Oxford und stieg in der Firma seiner Mutter zum Verkaufsleiter auf. Seinem Bruder Horace dagegen, der drei Jahre nach ihm zur Welt kam, bedeuteten Bücher stets mehr als Buchhaltung. Wie schon sein Großvater Horaz und der Vater hegte Helenas introvertierter Lieblingssohn, der Oxford und Yale ohne Abschluß verließ, künstlerische Neigungen. Dennoch arbeitete er — wenig erfolgreich — für seine Mutter. Um 1940 gründete er die Rubinstein-Werbeagentur.

Anders als Roy sah Horace als Baby von seiner Mutter nicht viel. Denn die hatte bald nach seiner Geburt vom häuslichen Leben genug. »Immer wieder warf ich mir meine heimliche Rastlosigkeit vor. Aber ich mußte mir eingestehen, daß es mir nie völlig genügen würde, nur für die

Kinder zu leben.« 1912 zog Helena Rubinstein in ihre alte Kommandozentrale nach London zurück. Horace war knapp zwei Jahre alt, da schlug sie, bereit für neue Aufgaben, der Familie den Umzug nach Frankreich vor.

An Paris reizte Helena Rubinstein das experimentelle Spiel mit Farbtönen und Schattierungen, die, kunstvoll gesetzt, neue Gesichter schaffen können. Anders als die Engländerinnen, für die rote Lippen noch ein Verstoß gegen die guten Sitten waren, gab es in Paris genügend Frauen, die sich bedenkenlos mit Rouge, Wimperntusche und kalkweißem Reispuder schminkten, freilich im maskenhaften Stil der ausgehenden Belle Epoque, der Helena Rubinstein gründlich mißfiel. In den Jahren angespannter Berufstätigkeit hatte sich in ihr ein modernerer Begriff von Schönheit geformt, von einem natürlichen Gesicht, einer sportlichen Haltung. Sie hatte begriffen, daß sich die Zeiten, in denen schön sein für Frauen bedeutete, die Haut vor der Sonne zu schützen und eine sitzende Lebensweise zu führen, ihrem Ende zuneigten. Die Natürlichkeit, die Helena Rubinstein vorschwebte, war freilich nicht spontan, authentisch. Sie sollte nur so erscheinen, ein raffiniertes Make-up, das ungeschminkte Haut vortäuschte, sie aber zugleich vervollkommnete. Helena strebte nach einer Künstlichkeit, deren Perfektion eben im Anschein jener »sublimen Natürlichkeit« bestand, die der Moderevolutionär Paul Poiret propagierte. In Amerika wurde daraus später der *natural look*.
Daß die wirkliche Natur nie so vollkommen ist wie das Ideal, war Helena Rubinsteins Chance. Also machte sie sich daran, mit dem Chefchemiker ihres Labors in Saint Cloud Wangen- und Lippenrot in mannigfachen Farbnuancen zu

mischen. Sie entwickelte transparentere *Fonds de teint* und zart getönten Puder, ein Make-up, das leichter, eben natürlicher sein sollte.

Ihre Botschaft kam an in einer Stadt, in der damals neue Formen der Kunst starre, überlieferte Regeln sprengten. Das demonstrierten auf der Bühne Diaghilews »Ballet Russe«, in der Musik Strawinskji, in der Malerei Picasso, Braque, Vlaminck oder Rouault. Avantgardistische Künstler, die bei Misia Sert ein- und ausgingen, einer extravaganten, jungen Polin, deren unkonventionelle Schönheit und »geniales Improvisationstalent« Helena Rubinstein so uneingeschränkt bewunderte wie ihren Kunstverstand. Unter dem Einfluß der Freundin gewann Helenas später vielgerühmte Sammlung moderner Kunst erste Gestalt. Misia war Muse der Bohème und tonangebende Dame der Gesellschaft zugleich. In ihrem Salon traf Helena jene Prinzessinnen und Gräfinnen, die das *Maison de Beauté Valaze* in der eleganten Rue Saint Honoré aufsuchten. Dorthin kam auch die Schauspielerin Sarah Bernhardt, oder Mademoiselle Chanel, die wenig später Kleider zu schneidern begann, die den natürlichen Linien des weiblichen Körpers entsprachen. Es kam Colette, die von ihrem Mann eingesperrt wurde, damit sie die Romane schrieb, die er dann unter seinem Namen veröffentlichte. Sobald der Gatte fort war, schlich sie sich heimlich aus dem Haus, nur um die Massage der Schwedin Ulla zu genießen. »Nie habe ich so ein herrliches Gefühl empfunden«, schwärmte Colette mit ihrer heiseren Stimme nach dem ersten Mal, so laut, daß die anderen Kundinnen sie hörten und erkannten. Fortan war die »schwedische Massage«, Helena Rubinsteins gewagteste Neuerung, stets ausgebucht.

29

Im August 1914 traf Elizabeth Arden in Paris ein. Die gebürtige Kanadierin, Besitzerin des erfolgreichsten Schönheitssalons von New York, wollte Produkte und Methoden der französischen Häuser kennenlernen. Als elegantestes und besteingeführtestes wurde ihr das *Maison de Beauté Valaze* von Helena Rubinstein empfohlen. Helenas spätere Erzrivalin wagte sich erst dorthin, nachdem sie sich mit einem Modellkleid gerüstet hatte. Nicht nur das Luxusdekor, die Gemälde, Kristallüster, antiken Möbel und die parfümierte Luft dürften Ardens geschäftlichen Ehrgeiz angestachelt haben. Der kosmetische Clou war das Make-up. Getönten *Fond de teint* und zartfarbigen Puder gab es in Amerika noch nicht.

Elizabeth Arden war noch in Paris, da fielen die Schüsse von Sarajevo. Krieg, das hieß, daß Poirets Winterkollektion in Frage gestellt war. Es bedeutete auch, daß Edward Titus, Pole mit amerikanischem Paß, in die USA zurückkehren wollte. Pauline, die zweitälteste Schwester, zog wieder in die Chefetage.

An einem frostigen Januartag 1915 erblickte Helena Rubinstein die Freiheitsstatue zum ersten Mal. An Land fiel ihr prüfendes Auge auf die Amerikanerinnen. »Sie hatten purpurrote Nasen und graue Lippen, und ihre Gesichter waren kreidebleich von dem entsetzlichen Puder. Mir wurde klar, daß die USA zu meinem Lebenswerk werden könnten.« Sie begriff, welch ungeheures Absatzgebiet das Land für ihre Produkte bot.

Amerikanische Frauen forderten bereits das Stimmrecht und wagten, sich zu schminken und in der Öffentlichkeit Zigaretten zu rauchen. Es gab Tausende von Schönheitssalons; *beauty parlor* war ein geläufiger Begriff. Die eleganteren Salons beschäftigten in der Regel Männer als Friseure. Die Kosmetik dagegen lag ganz in Frauenhand. Manche Kosmetikerinnen besaßen akademische Qualifikationen, die Chirurgin Anna D. Adams etwa, die sich der Schönheitschirurgie zugewandt hatte, weil sie im Operationssaal auf unüberwindbare Barrieren männlicher Vorurteile gestoßen war. 1888 nutzte sie ihre Kenntnisse zur Eröffnung eines *beauty parlors*. Anna D. Adams begriff die professionelle Schönheitspflege als eine neue Spezialisierung innerhalb der traditionellen Medizin. Ähnliches hatte auch Helena Rubinstein im Sinn, die für sich die Berufsbezeichnung Kosmetikerin erfunden hatte. Sie beharrte auf einer akademischen Ausbildung für diesen Beruf. Nur dann könnten sich die Schönheitspflege mit den Erkenntnissen der Wissenschaften nutzbringend verbinden.

In den USA traf Helena Rubinstein zum ersten Mal auf massive Konkurrenz. Verschönerungsmittel waren überall im Handel erhältlich. Die amerikanischen Firmen besaßen in Marketing und Werbung das überlegene Know-how. In New York gab es sogar einen Schönheitssalon, der dem Vergleich mit dem luxuriösen Rubinstein-Stil standhielt. Der *Salon d'Oro* lag in der mondänen Fifth Avenue. Er gehörte Elizabeth Arden.

Derweil in Europa Reiche zerbrachen, machte sich Helena Rubinstein an den Aufbau ihres Imperiums. Noch im Jahr ihrer Ankunft startete sie die Eroberung der Neuen Welt; nicht mit Kanonenschüssen, aber lautem Theaterdonner bei der Eröffnung ihres *Maison de Beauté*. Kein Inserat hätte ihr größeren Erfolg bringen können als die begeisterten Artikel in der New Yorker Presse am Tag danach. Der Salon lag – Zufall oder Herausforderung? – in der 49. Straße, in unmittelbarer Nähe des *Salon d'Oro*. Ein Messingschild am Eingang trug die Inschrift *Helena Rubinstein. Paris-London-Melbourne-New York*. Die Wände ließ sie mit blauem Samt zwischen rosa Holzleisten und die Stilmöbel mit blaßblauer Seide bespannen. Avantgardistische Kontrapunkte setzten die über die Räume verteilten Skulpturen von Eli Nadelman. Helena Rubinstein hatte den polnischen Bildhauer zu einer Ausstellung in New York ermuntert. Als der rasche Erfolg ausblieb, hatte sie sämtliche Exponate aufgekauft, aus Sympathie und Wertschätzung. Der klare Formsinn von Nadelmans Skulpturen bedeutete für sie Schönheit schlechthin.

Drinks und Snacks lieferte das Waldorf Astoria. Bei der Eröffnung anwesend waren die Damen des New Yorker Geldadels, denen livrierte Boten handgeschriebene Einladungen überbracht hatten. Der Erfolg rechtfertigte den Aufwand. Innerhalb kurzer Zeit entstanden Rubinstein-Salons in San Francisco, Philadelphia und Boston. Es folgten Chicago und Washington, zum Ärger von Elizabeth Arden, die dort bereits eingeführt war. Mit der Eröffnung einer Filiale in Toronto brach Helena Rubinstein ins Heimatterrain der Kanadierin ein. Im Gegenzug eröffnete die Rivalin 1920 einen Luxussalon in Paris, der Helena Rubinstein schwer zu schaffen machte.

Auch das Versandgeschäft lief an. Untersuchungen ergaben, daß 80 Prozent der Kundinnen, die bestellten, in den Salons bereits in der Anwendung unterwiesen worden waren. Auf diesen Aspekt ihres Geschäfts, die individuelle Beratung einer jeden Kundin durch ausgebildetes Personal, legte Helena Rubinstein großen Wert. Er war fester Bestandteil ihres Erfolgskonzepts. Es wurde in Frage gestellt, als große Warenhäuser das Interesse bekundeten, die Rubinstein-Produkte ins Sortiment aufzunehmen. Lukrative Angebote, die Helena dennoch zögern ließen, auch, weil sie mit der Produktion nicht nachkam. Die erste Fabrik, kaum errichtet, hatte sich schon nach ein paar Monaten als zu klein erwiesen.

Schwerer wog das Problem, wie die luxuriösen Rubinstein-Produkte vor der Degradierung zur Massenware zu retten waren. Der Verkauf durch unqualifizierte Angestellte in den Kaufhäusern hätte das exklusive Rubinstein-Image bedroht. Also vergab Helena Verkaufslizenzen zuerst nur an Geschäfte, deren Renommé ihre Kosmetika nicht entwertete, dem legendären »City of Paris« in San Francisco und den Halle Brothers in Cleveland, Ohio; Bedingung war, daß die Verkäuferinnen in Kundenberatung geschult würden. Die Ausbildung übernahm Chefin Rubinstein persönlich. »Ich ahnte nicht, welche Kreuz- und Querfahrten ich mir dabei einbrockte.« Hilfe leistete Manka, die sie hilfesuchend aus London herbeitelegraphiert hatte. Abteilungsleiterinnen und Verkäuferinnen waren begeistert über den kosmetischen Gratis-Grundkurs und die Kunst des perfekten Make-ups, die sie erlernten, die Pröbchen und das teure Ambiente großer Hotels, in denen die Schulungen stattfanden.

»In Promotion bin ich wirklich gut.« Helena Rubinsteins Eigenlob war vollauf berechtigt. Ihre Idee, die Instruktionskurse auch für ein Massenpublikum abzuhalten, war schlichtweg genial. Die Frauen strömten herbei, angezogen von Helena Rubinsteins Ruf als »internationaler Schönheitsexpertin«. Gegen zwei Dollar Eintritt erhielt jede eine Schönheitsfibel mit ausführlichen Hinweisen auf die Produkte, deren Anwendung, aber auch auf Diät, Make-up, Gymnastik. »Es gibt keine häßlichen Frauen, nur willensschwache!« Mit diesem Schlachtruf nahm Helena Rubinstein die letzten Bastionen der puritanischen Ethik im Sturm.

»Manka und ich trugen mit Absicht die Kleider, die wir von Paris mitgebracht hatten. Viele Frauen besuchten die Kurse nur, um unsere Garderobe zu sehen, und wir ließen sie damit auf ihre Rechnung kommen. Nach einem Vortrag im konservativen Boston stand am nächsten Tag in der Morgenzeitung: Madame Rubinstein trug ein tomatenrotes Kleid und eine achtfache schwarze Perlenkette. Sechshundert Zuhörerinnen waren begeistert von ihrem Vortrag über Hautpflege und großes Make-up.

»Merkwürdigerweise verlieh mir die Tatsache, daß ich gebürtige Polin war und in Europa gelebt hatte, einen unerwarteten Glanz. Vermutlich fesselten meine Kleider und mein fremdländischer Akzent die Anwesenden mehr als alles, was ich sagte; aber jedenfalls kamen sie in Scharen, hörten aufmerksam zu und kauften dann unsere Produkte.«

Die eigentliche Botschaft der glamourösen Madame Rubinstein kam auch ohne Worte an. Helena, fast fünfzig, führte sozusagen am eigenen gepflegten Leib vor, wie Schönheit herstellbar und zugleich, an welchen Standards sie künftighin zu messen sei. Sie bot neue Möglichkeiten, das Aussehen zu verändern, aber sie erhob das Spiel zum Gebot. Indirekt, gleichwohl massiv, rührte sie an das wohl allen Frauen eingebleute Gefühl der Unvollkommenheit, um sie zum umso begierigeren Griff nach den Mitteln dagegen veranlassen zu können.

Daß alle Frauen schön sein könnten, ja, daß es ein »natürliches Recht der Frau auf Schönheit« gebe, war Helena Rubinsteins erklärte Überzeugung. Diese im Grunde demokratische Idee hatte in Amerika zu Beginn des Jahrhunderts die Frauenbewegung propagiert und damit in weiten Kreisen der Gesellschaft Gehör gefunden. Damals verband sich der Gedanke freilich mit dem aus den Pionierstagen überkommenen »universellen, amerikanischen Glauben an die moralische Überlegenheit der Frau«, schreibt Lois W. Banner. Schön war demnach nicht die Frau, die der Mode folgte, sondern die gesund lebte, ihren inneren Überzeugungen treu blieb und diese aktiv, als Berufstätige oder Reformerin, in der Gesellschaft verfolgte.

Die vor allem in den zwanziger Jahren wachsende weibliche Berufsarbeit veränderte das herkömmliche Frauenbild indes gründlich. In dem Maß, in dem Frauen in der Gesellschaft auf männliches Terrain vordrangen und gleiche Rechte wie die Männer erlangten, fiel der Glauben an ihre größere spirituelle Kraft. Damit gewann ihre äußere Erscheinung an Bedeutung. Sie konnte nun als wichtiger als die inneren Eigenschaften gelten, und äußere Mittel konnten die Verbesserung des Aussehens entscheidend beeinflussen. »Das Argument von der moralischen Überlegenheit des Feminismus' zu Beginn des Jahrhunderts hatte eine bedeutende Schranke gegen die kommerzielle Ausbeutung von Frauen im Bereich der äußerlichen Erscheinung gesetzt. Mit ihrem Fall verzeichnete das *beauty business* einen signifikanten Triumph«, so Lois W. Banner. Die Kosmetikindustrie adaptierte die Ansicht, alle Frauen könnten schön sein, umstandslos für ihre Zwecke, ebenso die feministische Rhetorik von weiblicher Selbstverwirklichung. Hatte es zuvor geheißen, alle Frauen würden schön, wenn sie ihren »ethischen Weg« verfolgten, formulierte nun Helena Rubinstein als Gebot der Stunde: »Finden Sie Ihren eigenen Stil.«

Schon besaßen die Frauen das dazu nötige Geld, und sie kauften bereitwillig. Im Jahr 1925 gaben die Amerikanerinnen für Schönheitspflege, Parfüms und Friseur bereits sechs Millionen Dollar aus – pro Tag! Das normgerechte Make-up half Frauen, die »unweibliche« Ambitionen zeigten und in männliche Terrains der Gesellschaft vordrangen, sich selbst und andere ihrer Attraktivität zu versichern. Helena Rubinstein begriff Schönheit nicht als Mittel erotischer Verlockung, sondern sie empfahl sie als »notwendige Ausrüstung für den Kampf«. Ihre Kosmetik sollte den modernen »Amazonen« den Mut verleihen, »ihren neuen sozialen Pflichten entgegenzutreten«.

Anfang der zwanziger Jahre gab es bereits Millionen unabhängiger berufstätiger Frauen jeden Alters, die auf einmal ungeahnte Freiheiten genossen. Die Rocksäume rutschten nach oben. Die neue Frau tanzte Two-step, Cake-walk und Shimmy, sie rauchte und blickte unter einem glattgebürsteten Pony aus schwarz umränderten Augen in eine total umgekrempelte Welt. Die Schranken zwischen jung und alt fielen. Auch ältere Frauen, eben noch der entsagungsvollen Existenz einer Großmutter verpflichtet, konnten aussehen und ihr Leben gestalten, wie sie wollten. Sie nahmen nun einen aktiven Platz in der Gesellschaft ein. Freilich, ältere Frauen, zuvor als sexuelle Wesen verachtet, waren wenigstens als Großmütter verehrt worden. Dieserart Respekt vor dem Alter verschwand. Dessen Verachtung blieb. Die Gesellschaft billigte die Beteiligung älterer Frauen am öffentlichen Leben. Doch es sieht so aus, als wäre die erbarmungslose Verleugnung der körperlichen Spuren des Alters der Preis, den die Frauen dafür zu zahlen hatten. »Auf jeden Fall spielte die Schönheitsindustrie bei der Standardisierung der Verbindung zwischen Schönheit und Jugend eine mächtige Rolle. Das Zugeständnis, daß weiße Haare und Falten bei Frauen schön seien, hätte schließlich bedeutet, die Möglichkeiten eines immensen Marktes zu zerstören, bevor die Ausbeutung recht begonnen hatte« (Lois W. Banner).

Zeitungen und Journale begannen, Stars zu feiern. Die wohl erste Publicity-Kampagne der Filmgeschichte startete William Fox, Gründer und Präsident der Fox-Film-Corporation. 1915 nahm er die Schauspielerin Theodosia Goodman unter Vertrag und taufte sie Theda Bara. Die Mimin war, mit heutigen Augen gesehen, ein eher unschönes, plumpes Wesen. Fox machte sie zum neuen Schönheitsideal. In dem Stummfilm *A fool she was* errang Miss Bara als Vampir solche Popularität, daß die Rolle einen neuen Frauentyp prägte. Hollywoods erster »Vamp« war ein reines Medienprodukt. William Fox verpaßte der Schneiderstochter aus Chicago einen Lebenslauf, der, ebenso wie das entsprechende Outfit, ihre exotischen Filmrollen ins Leben verlängerte. Begeisterte Verehrerinnen kopierten Miss Baras Frisur, ihre Posen, ihre Kleidung und Parfüms millionenfach. Bedauerlicherweise kamen ihre schönen Augen im Film nicht zur Geltung. So verfiel William Fox darauf, eine Schönheitsexpertin zu Rate ziehen. Madame Rubinstein ersann umgehend ein kameragerechtes Augen-Make-up, das auf der Leinwand an Dramatik nichts zu wünschen übrig ließ. Sie hatte bereits in den Londoner Jahren insgeheim mit altägyptischem Antimonpulver experimentiert und dabei festgestellt, daß der metallhaltige Stoff auslief und bei Kleopatra unschöne Lidreizungen bewirkt haben mußte. Die neue Rubinstein-Augenschwärze dagegen war verträglich und haftete. Helena umrandete damit Theda Baras Augen und ließ den Lidstrich zur Schläfe hin auslaufen, tuschte die Wimpern und legte etwas Lidschatten auf – fertig war das »neue Gesicht einer alten Bekannten«, das William Fox der jubelnden Presse präsentierte. Die Sensation füllte Spalten. Noch größer war die öffentliche Erregung, als Theda Bara 1920, wenig später, zum ersten Mal die Lider mit silbernen Lidschatten tönte.

»Amerika hatte mich freundlich aufgenommen«, schrieb Helena Rubinstein. Fürwahr. In der Folge ihrer veränderten Distributionspolitik reiste sie mit einem Stab von Mitarbeiterinnen durch die USA. Vermutlich war sie die einzige in der Kosmetikbranche, die auf Grossisten verzichtete, um direkten Kontakt zu den Warenhausbesitzern halten und deren Beziehungen zur Kundschaft kontrollieren zu können. Sie installierte in den Lizenzkaufhäusern Kabinen, Minisalons, in denen Kundinnen die Handhabung der Pflegemittel und die Raffinessen eines Make-ups gezeigt wurden. Vor allem aber forcierte sie die Ausbildung künftiger »Demonstrantinnen«, die sie und ihre Schwester Manka bei der Schulung von Verkäuferinnen ablösten. Dieser Beruf war Helena Rubinsteins ureigenste Erfindung. Ein Kurs in einer der firmeneigenen Schulen kostete zwischen 250 bis 500 Dollar und dauerte sechs Monate. Ende der dreißiger

Jahre etwa bildete das Haus Rubinstein jährlich 2 500 Verkäuferinnen aus; es beschäftigte zehn reisende »Demonstrantinnen«.

Sie herrschte mit autokratische Erfolg. Impulsiv und rücksichtslos heuerte und feuerte Helena Rubinstein ihre Leute. Nicht imstande, die Namen ihrer Spitzenmanager im Gedächtnis zu behalten, erinnerte sie sich an viele Details aus dem Leben ihrer Angestellten. Ständig führte sie Klage darüber, daß es niemanden gab, der so viel arbeitete wie sie.

Konsequent beschäftigte sie ausschließlich Frauen als Trainerinnen und »Demonstrantinnen«. Personalpolitik im Stil einer Matriarchin, die, obschon erfolgsverwöhnt, dennoch einmal eingestehen mußte: »Sich als hart arbeitende Frau in einer Männerwelt durchzusetzen, war manchmal nicht leicht.« Sie wurde dabei zur Tyrannin.

Die veränderte Distributionspolitik schuf die Voraussetzungen für die amerikaweite Expansion. Der Siegeszug der Rubinstein Incorporation war unaufhaltsam. Bald wurden ihre Artikel in Orten verkauft, in denen es nicht einmal eine Vertretung von Ford gab. Ab 1920 reorganisierte Helena Rubinstein den Vertrieb in Europa und Australien und übertrug das neue System in den vierziger und fünfziger Jahren auch auf Lateinamerika und Japan. Mehr und mehr verlagerte sie den Schwerpunkt auf Herstellung und Vertrieb von Kosmetika für den Hausgebrauch. 1960 existierte von den vierzehn *Maisons de Beauté* in den Vereinigten Staaten nur noch das in New York.

Zunächst verminderte sich die Bedeutung der Schönheitssalons durch die Umstellung der Distribution freilich nicht. Im Gegenteil, Helena Rubinstein beschloß, sie als unersetzliche Imageträger weltweit auszubauen. In den vierziger Jahren besaß sie in 28 Städten auf vier Kontinenten Salons.

In der *Five-Days-Wonder-School* erhielten die Schülerinnen Lektionen in den Regeln der Rubinsteinschen Verschönerungskunst und wurden, falls gewünscht, neu gestylt. Der »Schönheitstag« bot ähnliches im Schnelldurchlauf. Die Damen wurden gebürstet, geknetet, unter Wasser massiert, mit gymnastischen Übungen und Höhensonne traktiert, in heiße Tücher gehüllt, in Milch gebadet und gesalbt – alles vor dem frugalen Lunch, der aus rohem Gemüse, Tee, Körnern und Früchten bestand, nach dem Vorbild der Schweizer Bircher-Benner-Diät, die Helena Rubinstein selber zu neuen Kräften verholfen hatte. Nach einer kurzen Ruhepause folgten Gesichtsbehandlung, Nährmaske, Kopfmassage und die Coiffure, das Make-up und das Parfüm, das, so wollte es Madame, nicht auf der Haut verrieben, sondern auf Kinn, Nacken, Achselhöhlen, Busenfalten, Armbeugen, Hand- und Kniegelenke nur getupft werden durfte. Überflüssig zu sagen, daß der teure »Schönheitstag« selbst während der Rezession in den dreißiger Jahren boomte. Die Kosmetikindustrie war damals die einzige Branche, deren Umsätze nicht stagnierten. Elizabeth Arden meinte dazu: »Die Depression scheint unserm kleinen Geschäft gut zu tun. Je mehr die Frauen vor Sorgen an ihren Fingernägeln kauen, die Stirn runzeln und sich die Haare raufen, desto mehr brauchen sie uns.« (Rudolf Kinzel)

Helena Rubinstein brachte alle paar Monate neue Cremes, Lotionen, Puder, Parfüms, Lippenstifte, Rouge oder Lidschatten heraus. Noch in ihrem Todesjahr 1965 pflegte sie jede Woche einmal jene Riesenfabrik in East Hills bei

Greenvale, New York, aufzusuchen, deren Bau 4,5 Millionen Dollar gekostet hatte. Dort, wo auf staubfreiem Boden kosmetische Mittel am Fließband produziert wurden, fühlte sie sich »wirklich zu Hause«. Im hypermodernen Forschungslabor schnupperte, tastete, rieb und kritisierte sie. »Ich bin sehr schwer zufrieden zu stellen.« Ihr Innovationsgenie bescherte den Frauen Errungenschaften wie die wasserfeste Wimperntusche, die die Schwimmerinnen eines Wasserballetts bei der Weltausstellung 1940 zu ersten Mal vorführten. 1957 kam der Mascara-Drehstift heraus, vier Jahre darauf wimpernverlängernde Tusche. Helena Rubinstein erfand die allererste Feuchtigkeitscreme der Kosmetikgeschichte, und – *last, but not least* – die erste straffende Pflegecreme der Welt.

Die Rubinstein-Kosmetikerinnen erklärten ihren Kundinnen, daß die vielen Produkte zur Lösung spezieller Schönheitsprobleme nötig seien. Doch der eigentliche Grund dieser Vielfalt war ein anderer: Der Konkurrenzkampf mit Elizabeth Arden. Arden, ehemalige Krankenschwester und Stenotypistin, Self-made-Geschäftsfrau wie Helena, blieb lebenslang deren große Kontrahentin im Bereich der Luxus-Kosmetik. Die Fehde zwischen den beiden war legendär. In der Fifth Avenue, wo ab 1936 auch Rubinstein residierte, lagen beide Häuser einen Steinwurf voneinander entfernt. Beider Renommé gründete auf der Qualität der kosmetischen Wirkstoffe, beide verlangten in etwa die gleichen Preise, wenngleich Rubinsteins Gewinnspanne wegen der schlichteren Verpackung vermutlich größer war. Helena Rubinstein siegte als Branchenführerin. Doch die Marke Arden besaß eine Spur mehr Prestige, vielleicht, weil sie auf dem amerikanischen Markt die erste gewesen war, oder weil die Pastelltöne des Dekors besser ankamen als die starken Rubinstein-Farben.

Der Kampf der Rivalinnen währte fünfzig Jahre. Er wurde mit großem Aufwand und harten Bandagen ausgetragen. Beide kopierten Artikel, Farben, Verpackungen und Werbeideen voneinander. Sie verkehrten mit denselben Leuten und verkauften ihre Tuben in denselben Warenhäusern. Sie besuchten dieselben Parties. »Wir sind uns niemals begegnet. Niemals!« beteuerte Helena Rubinstein in einem *Life*-Interview. Ein großer Coup gelang Elizabeth Arden 1938, als sie »der schrecklichen Frau« (Arden über Rubinstein) den Generalmanager wegschnappte. Für das – enorme – Jahresgehalt von 50 000 Dollar wechselte Harry Johnson sein Büro in der Fifth Avenue von Nr. 715 hinüber in die Nr. 691 und nahm gleich elf weitere Rubinstein-Leute mit. Der Augenblick für Helenas Rache kam ein Jahr später, und zweifellos war er sehr süß. Für das gleiche Gehalt heuerte sie nämlich den Ex-Gemahl der »Krankenschwester aus Toronto« (Rubinstein über Arden) an. Arden hatte Tom Lewis, der während der Ehe zugleich ihr Generalmanager war, bei der Scheidung entlassen und mit ihm vertraglich vereinbart, daß er fünf Jahre lang nirgendwo in der Kosmetikbranche tätig werden dürfe. 1939 war diese Zeit abgelaufen, und Tom Lewis kam zu Rubinstein in die Spitze des Managements. Doch Boss im Hause blieb Madame, wie ihre Angestellten sie zu nennen pflegten. Präsidentin ihrer Firmen in den verschiedenen Ländern war bis zu ihrem Tode sie.

New York blieb Helena Rubinsteins Hauptquartier, doch als eigentliche Heimat betrachtete sie Paris. Gleich nach dem

Ersten Weltkrieg begann Madame, zwischen der alten und der neuen Welt hin- und herzupendeln, bis zu acht Mal jährlich; eine Weile hielt sie den Rekord in Ozeanüberquerungen; Wochen der Erholung, die später, mit dem Flugzeug, auf Stunden zusammenschrumpften.

In Paris betrieb Helena mit rastlosem Schaffensdrang die Reorganisation des Frankreich-Geschäfts nach amerikanischem Muster. Edward Titus widmete sich nunmehr ausschließlich seinen künstlerischen Interessen. Er zog im Erdgeschoß ihres Wohnhauses ein avantgardistisches Privattheater auf. Die Schauspielerei hätte seine Frau gereizt, allein, es fehlte ihr die Zeit dafür. Irgendwann schloß die Polizei das Theater wegen angeblicher Kritik an der Regierung. Edward Titus eröffnete einen Buchladen, betrieb eine Druckerei und gab die englischsprachige Literaturzeitschrift *The Quarter* heraus. Der bibliophile Schöngeist verdiente damit kein Geld. Vielmehr schuf er einen Fokus für Schriftsteller und Künstler. Titus übersetzte, mit Lily Wolfe, Schnitzlers *Reigen* ins Englische und brachte das umstrittene Stück 1927 in seiner *Black Manekin Press* heraus. Er veröffentliche Bücher und Erzählungen von Joyce, Hemingway und E.E. Cummings. 1929 erschien D.H. Lawrence's *Lady Chatterley's Lover*. Diese kostspieligen literarischen Interessen finanzierte Helena Rubinstein, die den Kunstgeschmack ihres Mannes und sein Gespür für Qualität anerkannte. Seinen Ratschlägen beim Kauf von Gemäldern, Büchern und Antiquitäten folgte sie. Zugang zur Welt seiner Freunde suchte sie nicht. »Ich hatte niemals die Zeit, ihre Bücher zu lesen. Für mich waren die alle meschugge,« wütete Madame im Rückblick laut Patrick O'Higgins. »Und immer mußte ich ihre Mahlzeiten bezahlen.«

Gab es Streit mit Titus, und den gab es häufig, drehte sie ihm den Geldhahn zu. Was Hugh Ford »ihre tyrannischen, anmaßenden Anstrengungen, ihn zu kontrollieren« nennt, war der – letztlich ohnmächtige – Versuch, sich für Edward Titus' fortgesetzte Kränkungen zu rächen. Für Helena Rubinstein waren ihre Geschäfte das wichtigste, und sie erwartete fraglos, daß die Familie sich dieser Priorität unterordnete. Der Gatte kam mit der Rolle als Madames Prinzgemahl indes immer weniger zurecht. Schon 1916, kurz nach der Ankunft in Amerika, interessierte er sich so offensichtlich für die Kinderfrauen im Hause Rubinstein, daß Helena die legale Trennung verlangte und erhielt; um dann wieder zu ihm zurückzukehren. Der eheliche Machtkampf währte noch gut zehn Jahre. Dann beendete Edward Titus ihn in nachgerade klassischer Manier. Er verließ Helena Rubinstein wegen einer jüngeren Frau.

Im Rückblick suchte Helena die Schuld für das Scheitern ihrer Ehe bei sich. »Erst viel später wurde mir bewußt, in welchem Grade ich zu jener Zeit als Frau und sogar als Mutter versagt haben muß.« Damals versuchte sie, ihre Ehe zu retten, indem sie immerhin bereit war, ihre amerikanische Firma dafür zu opfern. In der Hoffnung, dadurch mehr Zeit für ihren Mann zu gewinnen, veräußerte sie zwei Drittel der Rubinstein Inc. an eine Wall Street Bank – für 7,3 Millionen Dollar. Die Lehman Brothers wirtschafteten freilich weit weniger glücklich als Madame. Ein Jahr lang sah sie dem Niedergang der Marke Rubinstein zu. Dann, am Schwarzen Freitag 1929, kam ihre Stunde. Millionen Dollar gingen in einer Nacht verloren. Madame dagegen gewann die Rubinstein Inc. zurück, für 1,5 Millionen Dollar, ein Bruchteil der Summe, die an sie gezahlt worden war.

Der Gewinn betrug 5,8 Millionen Dollar – kein übler Deal für eine Frau, von der die Lehman Brothers vorschnell behauptet hatten, sie sei eine »finanzpolitische Analphabetin«.

Edward Titus kehrte nicht zu ihr zurück. Madame rettete sich auf die einzige ihr vertraute Weise über das Scheitern ihrer Ehe hinweg. Sie arbeitete, als könnte sie dadurch Kränkungen und Schmerz ungeschehen machen. Wenig später starb der von ihr so sehr geliebte Vater, eine Woche darauf auch die Mutter. Zur Beerdigung nach Krakau fuhr Helena Rubinstein nicht; sie wähnte sich unabkömmlich. Wieder flüchtete sie sich in Arbeit. Um dann, von schwersten Depressionen gelähmt, das Steuer doch abgeben zu müssen. Helena Rubinstein kurierte sich in Dr. Bircher-Benners Sanatorium in der Schweiz. Dort, bei Müsli, Obst, rohem Gemüse und viel Schlaf fand sie ihre Vitalität binnen zwei Wochen wieder. Überdies verlor Madame lästige Pfunde. Die Kur brachte sie auf eine neue Geschäftsidee für den Kampf gegen das Alter. Helena Rubinstein ersann den erfolgreichen »Tag der Schönheit«, der einen frugalen Diät-Lunch einschloß. Karotten und Kohlrabi zum Mittagessen bevorzugte eine Zeitlang auch Madame. Sich der Mühsal einer Verschönerungskur zu unterwerfen, fehlte es ihr jedoch stets an Zeit und Lust.

Es habe ihr auch immer an Zeit für einen Liebhaber gemangelt, vertraute sie einmal Coco Chanel an, und sie habe auch nie so recht Neigung dazu verspürt. Mademoiselle wiederum bekannte, daß sie niemals daran gedacht habe, einen ihrer zahlreichen Liebhaber zu ehelichen. »Nein, ich bleibe Mademoiselle Chanel, genau wie Sie ja auch immer Madame Rubinstein bleiben werden. Das sind unsere rechtmäßigen Titel!« Doch der allein genügte Madame nicht. 1938, zwei Jahre nach ihrer gesetzlichen Scheidung, heiratete sie den georgischen Prinzen Artchil Gourielli-Techkonia und wurde Prinzessin Gourielli. Artchil war nach der Oktoberrevolution mit seiner Familie in Paris gelandet, lebte von einer bescheidenen Apanage und versuchte sich als Maler. Der passionierte Kartenspieler, 41, lernte Helena Rubinstein, 66, auf einem Bridgeabend bei der Comtesse de Polignac, Tochter der Modeschöpferin Jeanne Lanvin kennen. Madames Erzrivalin Elizabeth Arden heiratete ebenfalls einen sehr viel jüngeren Prinzen. Sie hatte es auf seinen Titel abgesehen; er auf ihr Geld. Die Ehe währte kein Jahr.

Prinz Artchil dagegen präsentierte sich mit dem »Almanach de Gotha«, der seine adlige Abstammung zweifelsfrei bewies. Dennoch auf der Hut wies Madame ihre Anwälte an, daß alles, was er an Geld von ihr erhielte, nach seinem Todes an sie zurückfallen sollte. Wieder bewies Helena Weitsicht. Sie überlebte Prinz Artchil um zehn Jahre. Er hinterließ ihr eine halbe Million Dollar.

Artchil Gourielli war ein einfacher, gelassener Mann. Ihn plagten keinerlei Profilierungsprobleme gegenüber seiner dominanten Frau. Im Gegenteil. »My wife is a very rich, very clever jewish *Hausfrau!*« zitierte ihn O'Higgins. Die leicht amüsierte Zuneigung und Bewunderung Artchils schätzte Madame sehr. Sie zog mit ihm ein neues Geschäft auf, das *House of Gourielli for Men.* Darin wurden Männern spezielle Kosmetika und exklusive Verschönerungsdienste offeriert. Madame hatte nämlich festgestellt, daß viele Frauen gleich zwei Cremetöpfe kauften; einen für sich und einen für den Gatten. Doch das *House of Gourielli* geriet rasch in die roten Zahlen. »Männer könnten sehr viel schöner sein«, hatte Madame weise bemerkt. Diese Erkenntnis war in den vierziger Jahren verfrüht.

Prinz Artchil starb 1955 an einem Herzinfarkt, in New York. Die Nachricht von seinem Tod überraschte Helena Rubinstein in Paris; wieder umging sie die Beerdigung, wieder mied sie den Abschied und ignorierte den Tod, als könnte sie ihn dadurch ungeschehen machen. Zur Ablenkung verfiel sie darauf, sich von Picasso porträtieren zu lassen. Drei Jahre später, im April 1958, starb ihr Sohn Horace mit 46 Jahren an den Folgen eines Autounfalls in New York. Wechselseitige Mißverständnnisse hatten die Beziehung zu ihrem jüngeren Sohn geprägt. Horace glaubte, Patrick O'Higgins zufolge, daß die Mutter ihn für einen Versager hielt, und darin täuschte er sich wohl nicht. Dennoch hatte sie Horace, der »den Charme und das gewinnende Äußere seines Vaters geerbt« hatte, »aus ganzem Herzen« geliebt. Der Schmerz über seinen Tod ließ sie in tagelange Erstarrung verfallen. Sie aß nicht und sprach nicht. Sie ging nicht zur Beerdigung. Statt dessen floh sie aus Paris nach London. Wieder ließ sie sich porträtieren; es war das letzte Mal. Der englische Maler Graham Sutherland verewigte sie gleich zweimal, Helena Rubinstein überlebensgroß. Diese Bildnisse einer grimmigen alten Lady von imponierender Majestät entsetzten Helena Rubinstein. Sie, damals 87, sah sich anders; weniger alt, weniger streng. Die Porträts wurden in der Tate-Gallery ausgestellt. Ihre kraftvolle Aura elektrisierte die Öffentlichkeit. Über hunderttausend Menschen sahen sie, und schließlich bat die Londoner *Times* Helena Rubinstein um ihre Biographie. Madame fand sich mit Sutherlands Porträts ab.

»Seit ich Artchil und Horace verloren hatte, halte ich es an keinem Ort lange aus.« Noch im hohen Alter reiste Madame durch die Welt. Die Fahrten dienten der Inspektion ihrer Salons und Firmen. 1959, mit 88 Jahren, flog sie in Begleitung ihrer Schwester Ceska und ihrer Nichte Mala nach Moskau, als offizielle Repräsentantin der Kosmetik-Industrie auf der amerikanischen Nationalausstellung dort. Bei der Eröffnung setzte sie sich nicht zu den Honoratioren. Die unermüdliche Greisin stellte sich zu den Mädchen im Helena Rubinstein-Pavillon, um die herandrängenden Russinnen dort in Augenschein zu nehmen.

Die Reisen boten ihr auch die Gelegenheit, sich photographieren zu lassen und ihre neuesten Juwelen und Kleider vorzuführen. Madame besaß Schmuck im Wert von einer Million Dollar, darunter Raritäten wie das Collier von Katherina der Großen. Die Juwelen bewahrte sie, in wahllosem Durcheinander mit Modeschmuck, in einem blechernen Aktenschrank auf, alphabetisch geordnet. Unter »B« war das Brillantengeschmeide verstaut, »P« beherbergte Knäuel von weißen, grauen, schwarzen und rosa Perlenketten, »R« war für Rubine reserviert, »S« für Smaragde und Saphire.

Helena Rubinstein trug stets Modellkleider; viele wurden nach ihrem Tod an Museen gegeben. Sie sammelte Opalgläser, antike Möbel und Porzellan, alles, was ihr gefiel, mit Geschmack, aber meist ohne die Zeit, etwas sorgfältig auszuwählen; sie kaufte impulsiv, vielleicht, um armen Künstlern zu helfen, und oft in Mengen, wenn sich ein guter Deal bot. »Als Geschäftsfrau bin ich es so gewöhnt«. Ihre Schätze verteilte sie über ihre fünf Häuser in England, Frankreich und Amerika. Das Appartment in der Park Avenue, das sie nach dem Zweiten Weltkrieg bezog, war vielleicht die am ausgefallenste eingerichtete Wohnung von New York. Im Schlafzimmer standen transparente Plexiglas-Möbel von Ladislas Medgyes; Kopf- und Fußende des Bettes leuchteten elektrisch auf. Auf den viktorianischen Holzpaneelen des Salons hingen die Picassos und Renoirs aus ihrer berühmten Sammlung moderner französischer Malerei. Die Gäste – Künstler, Journalisten, europäische Aristokraten und amerikanischer Geldadel – dinierten im barocken gold-weißen Eßzimmer unter afrikanischen Masken. Den Kaffee schlürften sie im »dream room«, wo eine viktorianische Mohrenstatue neben einer afrikanischen Maske eine geschwungene Empire-Liege bewachten, die unter einem Gemälde von Dali stand.

Madame litt unter der »typischen Neurose napoleonischer Charaktere – Klaustrophobie« (Elaine Brown Keiffer). Sie haßte kleine Räume. Vielleicht deswegen hatte sie die Wohnung in der Park Avenue gewählt, die, über drei Stockwerke verteilt, 26 Zimmer, acht Badezimmer und eine Dachterrasse umfaßte. Kurz vor Abschluß des Mietvertrags sagte der Makler jedoch ab. Dann hörte Helena Rubinstein von Freunden, dort seien jüdische Mieter unerwünscht. Sie kaufte kurzerhand das gesamte vierzehnstöckige Gebäude. Prunkstück der Einrichtung ihres Pariser Stadthauses am Quai de Béthune auf der Ile St. Louis war ein mit Perlmutter ausgelegtes Himmelbett, das Napoleon III. für Kaiserin Eugénie hatte anfertigen lassen. Von der mit Springbrunnen und Stauden verschwenderisch geschmückten Terrasse, die sich über die gesamte Länge und Breite des Gebäudes erstreckte, ging der Blick vom Panthéon bis Sacre-Coeur – »der teuerste Ausblick der Welt«. Er verfinsterte sich, als das deutsche Heer Paris besetzte. Helena

Rubinstein mußte den Deutschen das Stadthaus, eine umgebaute Mühle bei Paris, ihren Salon und die Fabrik auf Gnade oder Ungnade überlassen; verwüstet erhielt sie alles nach Kriegsende zurück. Der Londoner Salon wurde bombardiert, doch niemand verletzt. In New York scharte Helena ihre Schwestern Ceska, Manka und Paulina, die Nichte Mala und ihre Enkelkinder um sich. Ihre Schwester Regina, die in Krakau lebte, wurde von den Nazis getötet.

»Es waren endlose, furchtbare Kriegsjahre. Von Tag zu Tag warteten wir auf Briefe oder andere Nachrichten von Verwandten und Freunden.« Roy kämpfte in der Army, Horace meldete sich als Freiwilliger. Helenas Neffe Oscar Kolin, der spätere Vizepräsident der Rubinstein Inc., arbeitete für die französische Résistance, nachdem er bei Dünkirchen in deutsche Gefangenschaft geraten, aber wieder entkommen war. Madame war stolz auf einen Puder, den ihr Laboratorium aus den winzigen Partikeln von Seidenfäden entwickelt hatte. Weil er sehr gut haftete und die Poren atmen ließ, eignete er sich hervorragend zur Wundbehandlung in den Spitälern. Nach dem Krieg kam er, verfeinert und leicht parfümiert, als *Silk face powder* auf den Markt; dank seiner Eigenschaften galt er in der Branche als »revolutionär«.

Während des Zweiten Weltkriegs stellte Helena Rubinstein in London ein Haus zur Verfügung, in dem verletzte Soldaten gepflegt wurde. Sie verlangte es nie zurück. Madame war äußerst großzügig. Bisweilen pflegte sie ihre Gäste mit Juwelen zu beschenken. Janet Flanner, der die Zeitschrift *L'oeil* für einen Artikel über Helena Rubinsteins Kunstsammlung zunächst das Honorar schuldig blieb, erhielt von ihr einen Ring mit einem himbeergroßen Rubin und vier Diamanten. Helena Rubinstein lieh ihre Gemälde gern aus, zu Wohltätigkeitszwecken und zum höheren Ruhme ihres Namens. Sie finanzierte Studien- und Reisestipendien für Künstler. In Tel Aviv stiftete sie den Helena-Rubinstein-Pavillon für zeitgenössische Kunst und setzte Stipendien für israelische Künstler aus. 1953 rief sie die Helena Rubinstein Foundation ins Leben, die vor allem Frauen und Kindern zugute kommen sollte.

Madames Großzügigkeit paarte sich indes mit einem eisernen Willen, keinerlei Verschwendung oder unsinnige Ausgaben zu dulden. Auf Kaufangebote, ob groß oder klein, reagierte sie im Alter mit stets gleicher grimmiger Abwehr: *too much*. In Greenwich bei New York, wo sie ein Haus besaß, pflegte sie auf dem Markt einkaufen zu gehen; am Samstag nachmittag, wenn sie die Preise herunterhandeln konnte. Lud sie zum Dinner, kam vor, daß sie das Lammkotelett aufaß, das ein Gast hatte liegen lassen. Madame knipste das Licht aus, wenn sie einen Raum verließ, und tobte, wenn ihr philippinischer Butler eine Tasse fallen ließ. Albert diente ihr dreißig Jahre lang. Sie bedachte ihn in ihrem Testament dafür mit 500 Dollar jährlich bis ans Lebensende. Auf den Philippinen hätte Albert damit gut gelebt; nur, er wollte nicht dorthin zurück.

Helena Rubinsteins Kräfte schwanden langsam. Zunächst verlegte sie die morgendlichen Konferenzen in ihr Schlafzimmer, in dem sich ihre engsten Vertrauten Schlag neun einzufinden hatten. Die Damen und Herren versammelten sich um das riesige Plexiglasbett; Madame, im Alter noch winziger geworden, lehnte hoheitsvoll in den Kissen und regierte ihr Reich autokratisch – und hellsichtig – wie eh und je.

In den letzten Monaten nahm sie auch davon Abstand. Sie habe zu lange gelebt, sagte sie zu Patrick O'Higgins, nun fürchte sie den Tod nicht mehr. Kurz vor dem Ende erwachte plötzlich ihr altes Interesse an den Geschäften ein letztes Mal. Noch einmal wollte Madame dabei sein, Bescheid wissen, Überblick gewinnen; sie ließ sich ins Büro chauffieren. Dort erlitt sie einen leichten Herzinfarkt. Im Krankenhaus, gegen das sie sich mit letzten Kräften gewehrt hatte, starb sie im Lauf der Nacht.

Ihrer Nichte Mala vermachte sie eine Apanage von 5 000 Dollar per annum; wenig im Vergleich zu den vier Millionen, die Elizabeth Arden ihrer Nichte hinterließ. Doch vielleicht hätte sich Mala Rubinstein zur Ruhe gesetzt, wenn sie Millionen geerbt hätte, und das wäre nicht in Madames Sinn gewesen. Also befolgte Mala den Willen ihrer Tante und trat, fürstlich bezahlt, in deren Fußstapfen.

300 Jahre solle die Firma währen, hatte Helena Rubinstein ihren Nachkommen beschieden und in ihrem Testament entsprechende Vorkehrungen verfügt. Sieben Jahrzehnte lang hatte Madame an ihrem Reich gebaut, seine Geschicke geleitet, dafür gekämpft. Die Erben verkauften es neun Jahre nach ihrem Tod an einen amerikanischen Großkonzern. Helena Rubinstein, der Name, blieb.

Bilder

54   Helena (Mitte) mit Mutter und Schwestern

Sincerely Yours
Helena Rubinstein
Jan 20. 0

In Erwartung großer Ereignisse 55

Zum Aufbruch bereit

Edward Titus

Energisch und erfolgreich

Mit Sohn Horace, New York 1930

Madame in Positur

Behängt und umrankt 63

64   Afrikanisches Zimmer in der Pariser Wohnung

Die Kunstsammlerin präsentiert neue Objekte

Die Machbarkeit von Schönheit

Madame stellt ihren Prinzen vor, 1938

Foyer im New Yorker Penthouse

Die Schönheitsmagnatin   69

70   Vor einer Skulptur von Elie Nadelman

Rubinstein-Porträt von Marie Laurencin (1934)   7l

Wie Helena Rubinstein von Dalí gesehen wurde,
gefiel ihr (1942-43)

Vor ihrem Porträt von Graham Sutherland (1957)
(Foto: Max Scheler)

73

Leider kein Porträt von Pablo Picasso

»I like to pay cash«, auch bei Willem De Kooning

Am Bootsanleger nach New York, 1950

Auf dem Münchner Flughafen, 1957

Madame in Begleitung ihres Privatsekretärs
Patrick O'Higgins beim Besuch einer Oper

Mit Carmel Snow, der Herausgeberin von »Harpers
Bazar«, und der Modedesignerin Sibyl Conolly

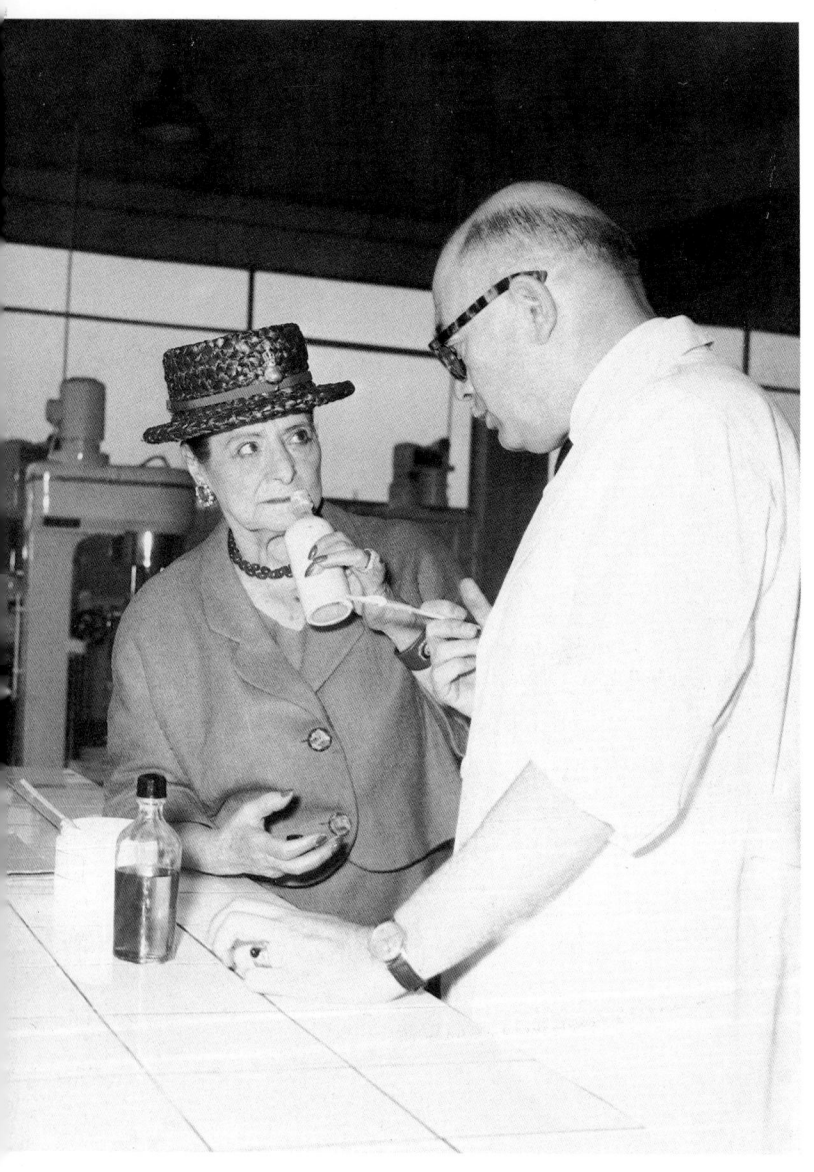

Die Chefin überprüft einen neuen Duft

Die Doppelfunktion der Auster

Beim Weißwurstessen in München, 1957

Beim Bridgespielen daheim (Foto: Max Scheler)

Auf einem Empfang in Hamburg

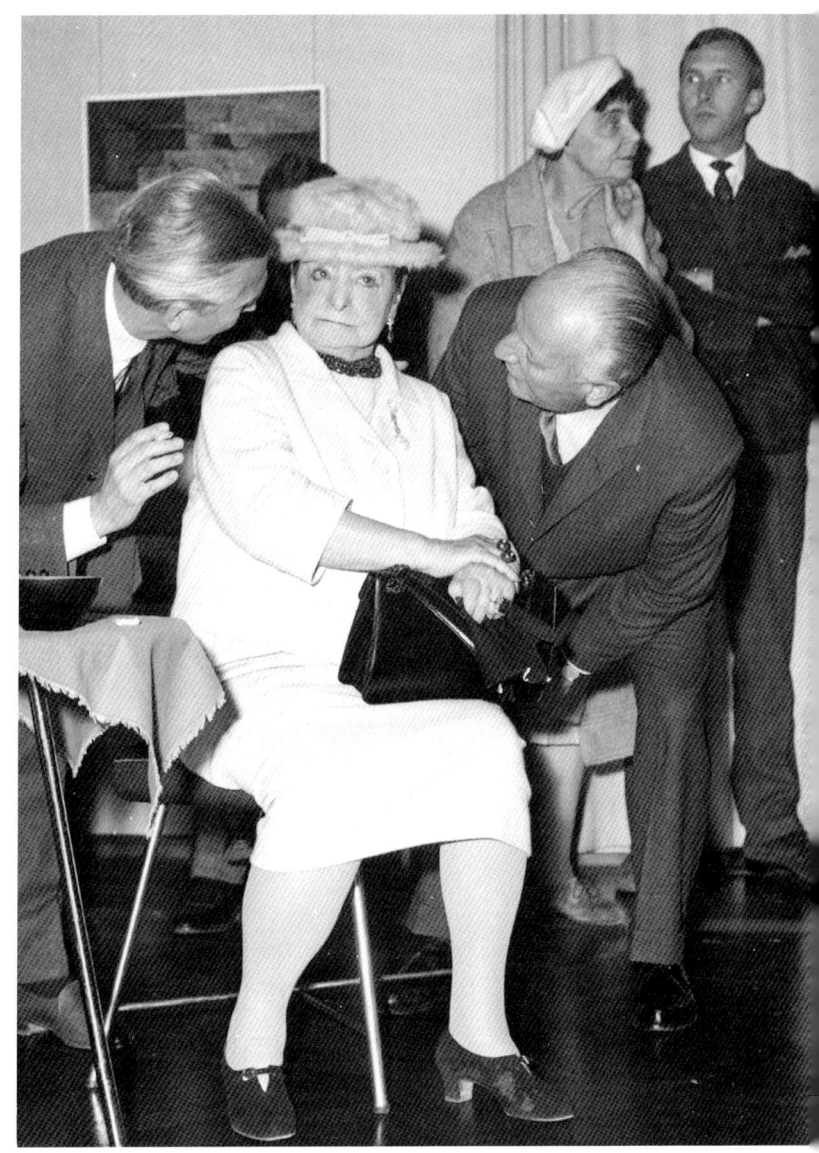

Wird man sie überzeugen können?

Fakten auf den Tisch

Stimmen

Madame kommt immer zuerst

Patrick O'Higgins, jahrelanger Privatsekretär und Reisebegleiter von Helena Rubinstein, hat mit seiner Biographie »Madame« ein liebevolles, wenn auch kritisches Porträt seiner Chefin verfaßt.

»Gibt es irgend etwas zum Lunch?« fragte mich Madame. »Drei Journalistinnen werden kommen. Sie können viel von ihnen lernen. Alle drei sind Schönheitsredakteurinnen.« Sie wandte sich zu Miss Hopkins. »Wie zum Teufel heißen sie nochmal?«

»Ruth Mugglebee vom *Bostoner Globe*, Eleanor Nangle von den *Chicago News*, und Lydia Lane von der *Los Angeles Times.*«

»Gut! Schön, eine wichtige Gruppe.« Madame wandte sich zu mir. »Gehen Sie nach unten und warten Sie auf sie. Ich muß mich umziehen. Ich werde im Nu dasein!«

Ein kreisförmiges marmornes Treppenhaus verband den unteren Schlafzimmertrakt mit der Diele und den Empfangsräumen darüber. Während ich hinunterging, begutachtete ich jedes Detail. Es war das erste Mal während meines Dienstes bei Madame Rubinstein, daß ich in ihrem Appartment alleingelassen wurde – frei, um mich einige Augenblicke in Ruhe umzusehen.

Das Verhältnis von Dekoration und Besitzer hatte mich immer fasziniert – besonders bei jemanden von Madame Rubinsteins Temperament. Ihr Leben war bekanntlich mit ihren Besitztümern verbunden. Diese waren wertvoll, avantgardistisch, *schmaltzy;* dennoch paßten sie genau zu ihrer Persönlichkeit so wie die Kleidung, die sie trug, und die Juwelen, mit denen sie sich schmückte.

Geboren an Weihnachten, war Madame ein Steinbock, und von meinen gelegentlichen Horoskopstudien wußte ich, daß sie demnach eigensinnig, zurückgezogen, aber einfallsreich war. Ich bemerkte auch einige Charakterzüge eines Schützen an ihr. Sie bevorzugte schnelles Handeln, war lebendig, unabhängig, unbarmherzig.

Die Dekoration in Madames New Yorker Penthouse war, getreu den Sternen, die ihr Schicksal führten, eine wilde Mischung. Sie zu betrachten war wie eine Fahrt auf Stromschnellen, und brachte mit jeder Drehung eine Überraschung.

Nachdem ich das Treppenhaus hinaufgestiegen war, trat ich in die Diele, die von Philip Johnson für eine moderne Bank hätte gestaltet sein können. Sonnenschein strahlte auf die karierten Marmorfliesen und verlieh ihm den Glanz von Eis, und die Unmengen Topfpflanzen füllten dem Raum mit Dschungel-Duft aus, dessen großzügige Proportionen — vergleichbar mit denen einer Eisbahn – durch ein paar indonesische Möbelstücke und einem Dutzend weiß marmorner Köpfe, auf großen Sockeln plaziert, noch hervorgehoben wurden.

Ich erinnerte mich an meinen ersten Besuch, beim Sitwell-Mittagessen vor einigen Monaten, als diese Statuen mich an zweitklassige Art Nouveau Konfektion erinnerten. Da ich jetzt ein Angestellter war, hatte sich mein spöttischer Blick gemildert. Sie waren stilvoll. Der Name Nadelman, eingemeißelt auf den Boden einer dieser Statuen, löste kein Klingeln bei mir aus. Später hörte ich Madame sagen:

»Nadelman war ein Pole. Ich veranlaßte ihn, in den frühen Dreißigern von Paris nach New York zu kommen. Ich arrangierte eine Ausstellung für ihn. Nichts wurde verkauft. Also fühlte ich mich verantwortlich. Kaufte das Ganze. Deshalb wurde Nadelman bekannt, und ich kam in den Besitz von 36 Stücken von seinem Zeug.«

Im Wohnzimmer, das ich bislang nur vage gesehen hatte, bedeckten purpur- und magentarote samtartige Stoffe einige geschnitzte viktorianische Stühle, ungestüm plaziert auf einem herbgrünen Teppich, entworfen von Miró. Chinesische Kaffeetabletts, funkelnd von perlmutterner Einlage, harmonierten mit dem stummen Gold der türkischen Stehlampen, den Grautönen der lebensgroßen Osterinsel-Skulpturen und den leuchtenden Blautönen der Opalvasen, sechs Fuß hoch.

Ein riesiger Kamin, dekoriert mit spiegelnden Platten und einer Phalanx von grinsenden afrikanischen Masken, beherrschte die Szene – während an jeder Wand, Rahmen an Rahmen, reihenweise eine unglaubliche Auswahl an Bildern hing.

»Was für eine Ansammlung von Bagatellen«, hatte ein Kunstkritiker gesagt, als er die Sammlung das erste Mal sah: »Unbedeutende Bilder von jedem wichtigen Maler aus dem 19. und 20. Jahrhundert.«

Madame, die es nie versäumte, irgend etwas ihre Person Betreffendes zu lesen, sorgte sich nicht um derlei Kritik. »Vielleicht habe ich keine Qualität, aber ich habe Quantität. Qualität ist schön und gut, aber Quantität macht mehr her.« Dieses »Mehr Hermachen« schloß Werke von Matisse, Braque, Chagall, Derain, Gris, Rouault und Picasso ein, mit einigen Dalís, Tchelitchews, Marie Laurencins dazwischen.

Aber das »Stück des Widerstandes« aus der Sammlung – Madames Bezeichnung für das Fundament – war ein großer Matisse mit herumwirbelnden Bäumen aus der Fauve-Periode, der direkt gegenüber dem Kamin hing.

»Donnerwetter!« dachte ich. »Zwei Sachen, die Madame Rubinstein nicht stören, sind Chronologie und Rahmen. Einige ihrer Rahmen sahen aus, als wenn hungrige Ratten sie angeknabbert hätten. Meine Aufmerksamkeit wurde jetzt von einer goldenen Ikone gefesselt. Sie war zweimal so groß wie die Eingangstür und hing am anderen Ende des Zimmers zwischen zwei Wandbehängen von Rouault.

Während ich versuchte, sie einzuordnen, spürte ich einen Stoß in meinem Rücken. Madame hatte sich ohne ein Geräusch hinter mich geschlichen. Um ihren Hals geschlungen waren einige Reihen schwarzer und weißer Perlen, passende Ringe, Ohrringe und Armbänder leuchteten an ihren Fingern, Ohrläppchen und Handgelenken... Ihre Füße steckten in heruntergekommenen Filzslippern, die dem Typ ähnelten, den die französichen Concièrges trugen.

»Gefällt sie Ihnen?« fragte sie, während sie mit einer Schulter auf die Ikone deutete. Ich rollte mit den Augen, um meine Bewunderung auszudrücken. »Ich hab sie in Moskau gekauft, 1938, bevor ich den Prinzen heiratete.«

Nachdem sie ein Silbertablett abgestellt hatte, zeigte sie auf die vor dem Kamin aufgestellte Sammlung afrikanischer Skulpturen.

»Was ihn betrifft... Jacob Epstein... Er brachte mich darauf, als ich in London lebte. Er hatte ein Auge für afrikanische Sachen. Ich fuhr damals oft nach Paris. Dort fanden alle wichtigen Verkäufe statt. Wie Sie wissen, war Epstein ein Bildhauer. Er hielt sich über das, was los war, auf dem laufenden, und verfügte über Kataloge und Verkaufsangebote. Er sagte mir, was für ihn gekauft werden sollte, und fügte hinzu: ›Ich will drei Pfund für jedes Objekt ausgeben.‹ Das waren fünfzehn Dollar! Wenn der Preis höher war, kaufte ich es für mich.« Sie machte eine Pause und kratzte ihre Nase mit ihrem Ärmel. »Zu meiner großen Sammlung kam ich später, in den Dreißigern, als Hitler anfing, Schwierigkeiten zu machen. Da war ein deutscher Jude, der es schaffte, mit einer Waggonladung afrikanischer Sachen aus Berlin herauszukommen. Er war pleite. Ich half ihm aus. Pfft! Auf diese Weise sammelt man... durch eine Waggonladung.«

Madame beendete ihren Monolog über die afrikanische Sammlung, indem sie sagte: »Die besten Stücke sind in Paris. Die Franzosen schätzen solche Dinge mehr, als sie es hier in Amerika tun. Abwarten und Schauen! Sie werden überrascht sein. Ich hoffe, daß Sie Interesse daran finden. Wir brauchen einen Katalog...«

Sie wandte sich zu mir – ihre Kunstwerke zu katalogisieren, würde offensichtlich eine meiner Aufgaben sein –, bevor sie nach dem Silbertablett langte. Es enthielt eine Ansammlung von Schmuckstücken. »Für die Journalistinnen, die zum Lunch kommen, kleine Geschenke. Schön, nicht wahr?« fragte Madame.

Sie griff sich einen silbernen filigranen Armring heraus und ließ ihn mit einem konspirativen Zwinkern auf ihr Handgelenk gleiten: »Ich habe immer gesagt, daß Schmuck ein besseres Geschenk ist, weil es persönlich ist, also trage ich ihn und gebe ihn dann weg.« Sie fügte ihrer eigenen Armatur von Perlen einen Korallen-Clip hinzu und steckte einen Turmalin-Ring an einen ihrer Finger.

94

»Drei Stücke. Drei Journalistinnen. Wo zum Teufel sind sie?«

Ihre Frage wurde durch das Geräusch der sich öffnenden Fahrstuhltür beantwortet, durch weibliche Stimmen, die in der Diele schnatterten. Drei Damen wurden nun in den Raum geführt, und, sobald sie Madame am anderen Ende stehen sahen, beschleunigten sie ihre Schritte und ihre Bewegungen, wie ein Schwarm exotischer Vögel, die zur Fütterung streben.

Madame verschwand in ihrer Umarmung. Als sie sich wieder daraus befreit hatte, wandte sie sich zu mir: »Das ist Mister…«

Sie waren ein eigenartiges, ebenbürtiges, jedoch begeistertes Dreiergespann, deren Kleidung und Gesichter ihrem Ruf als Mode- und Schönheitsredakteurinnen Lügen strafte. Ruth Mugglebee aus Boston, die erste, die meine Hand schüttelte, war dunkel, rundlich und exotisch. Eleanor Nangle, deren Hauptbetätigungsfeld Chicago war, wo ihre Zeitung, die *News*, täglich einige Millionen Exemplare druckte, entsprach meiner Vorstellung von einer Matrone aus dem mittleren Westen, grauhaarig und tüchtig. Ich spürte, daß ein von ihr gebackener Napfkuchen niemals einen Zusammensturz wagen würde. Lydia Lane, die die *Los Angeles Times* vertrat, war glatt und geschäftstüchtig. Ihre Sonnenbräune ließ vermuten, daß sie lange Stunden in Hollywoods Swimming-Pool beim Interview mit Esther Williams verbracht hatte. Sie war überschwenglich und fuhr fort, Madame zu umarmen und zu küssen, deren Gesichtszüge starr wurden: Eis auf Granit.

In diesem Moment realisierte ich etwas, das ich instinktiv am ersten Tag, an dem wir uns trafen, gespürt hatte. Madame Rubinstein konnte es nicht leiden, berührt zu werden, besonders nicht von Fremden.

Miss Lane fuhr mit ihrem Handeln fort, bis Albert das Mittagessen ankündigte.

Als Madame der Prozession folgte, flüsterte sie eindringlich in mein Ohr, einen Daumen in Miss Lanes Richtung schnippend: »Bringen Sie diese Frau weg von mir. Sehen Sie zu, daß sie auf der anderen Seite des Tisches sitzt. Sie macht mich verrückt.«

»Ich denke nicht, daß Ihre Chefin mich mag«, sagte Miss Lane leise zu mir während des Mittagessens. Wir saßen am Ende des Tisches – außerhalb von Madames Hörweite.

»Sie ist ein Mensch mit Stimmungen«, antwortete ich.

»Sie ist ein Teufel auf Rädern«, entgegnete Miss Lane.

So stellte sich eine Verbindung zwischen uns her. Es war selbstverständlich, daß Miss Lane sich nicht bei mir über Madames Verhalten beklagen konnte, so daß wir uns also über Hollywood, ihr Haus, Filmstars unterhielten. Sie war eine lebendige Erzählerin.

»Zweimal im Jahr«, berichtete sie mir, »komme ich in den Osten, um die Szene zu beobachten, um die neueste Mode zu sehen. Ich bin an Schönheit interessiert. Welche Frau ist das nicht? Deswegen bin ich hier. Madame Rubinstein mag zwar ein Teufel sein, aber sie ist immer gut für Neuerungen.«

Ich war überrascht: »Was für Neuerungen?« fragte ich.

»Schauen Sie sie an! Schauen Sie auf das, was sie tut! Warum veränderte Sie das Gesicht jeder Frau in Amerika, in der Welt. Sie ist eine Vorkämpferin, sie ist eine Anstifterin, sie ist ein Macherin! Und trotz all ihrer Grobheit mir gegenüber, hat sie dennoch Magie! Es gibt keine lebende Frau, die nicht fasziniert von ihr ist.«

Ich schaute hinunter auf die Längsseite des Tisches, wo Madame saß. Sie hörte ihren Nachbarinnen zu, unbeweglich wie eine Sphinx, aber ihre Augen flackerten gelegentlich unmerklich zu mir hinüber. Plötzlich sprang sie auf die Füße, nahm den Turmalin-Ring von ihrem Finger und gab ihn Ruth Mugglebee: »Als Glücksbringer!« Als nächstes nahm sie den Korallen-Clip von ihrem Kleid, brachte ihn an Eleanor Nangles Kleid an: »Als Glücksbringer!« wiederholte sie. Schließlich zerrte sie das silberne filigrane Armband von ihrem Arm und rief mich herbei. »Patrick!« Es war das erste Mal, daß sie mich beim Namen nannte. »Geben Sie das Ihrer neuen Freundin.«

Ich stand auf, holte das Armband, plazierte es sorgfältig an Miss Lanes Arm. Sie tätschelte meine Hand, bevor sie der Gastgeberin dankte, und flüsterte: »Sie braucht Sie!«

Bevor ich diese Bemerkung verdauen konnte, fragte Madame: »Möchte irgend jemand sich meine Kleider ansehen?«, und ließ uns im Gänsemarsch auf der kreisförmigen Treppe zu ihrem Schlafzimmer heruntergehen, von dort aus zu dem dahinterliegenden Badezimmer, wo sie damit beschäftigt war, die offenen Schränke zuzudrücken.

»Halten Sie Ihre Freundin fern von mir!« betonte Madame mir gegenüber nochmals im Flüsterton. Ich zog mich in eine Ecke zurück, Miss Lane hinter mir herziehend. Innerhalb der nächsten halben Stunde führte Madame ihre Kleiderkollektion vor. In den kommenden fünfzehn Jahren sah ich diese Vorstellung mehrmals. Ich wurde ihr niemals überdrüssig. Madame bot in ihrer großartigen Unverblümtheit immer neue Kleider, neues Gerede und neue Anekdoten.

»Ha! Chanel machte diesen Mantel erst 1922. Eine bretonische Fischerbluse hatte sie dazu inspiriert. Chanel hat nichts verändert. Sie veredelte nur, was schon vorhanden war... schlau, nicht wahr?«

Madame mußte annähernd hundert Kleider, Mäntel und Abendkleider in ihrem Badezimmer aufbewahren, hängend in einem schmalen L-förmigen Korridor konnten sie hinter Schiebeglastüren hängend bewundert werden. Sie hatte noch mehr in ihren Häusern in Paris und London und in ihren Landhäuser untergebracht: aber der Hauptteil ihrer Garderobe wurde in der Park Avenue aufbewahrt, weil: »Die Schränke sind getränkt in... in... wie heißt es noch? Gut für Erkältungen. Besser gegen Motten. Kampfer!«

Ihre Kleidung, so wie ihr Schmuck, waren sorgfältig in Abteilungen unterteilt. Auf diese Weise hingen in einem Schrank alle ihre vor 1914 erworbenen Gewänder; in einem anderen, das, was sie »kleine Straßenkostüme« nannte (betonend als *cosh-tumes*); in einem dritten Abendroben; in einem vierten Pelze. Madame liebte Pelze, bewahrte sie unter besonderem Verschluß und enthüllte deren Existenz nur selten. »Warum Leute neidisch machen?« Aber wenn sie es tat, war der begleitende Dialog wie eine leise Fuge: »Somalischer Leopard! Dior machte es. Es gibt nur sechs Mäntel dieser Art auf der Welt!« »Russischer Zobelpelz! Eine Kreation von Molyneux. Ich habe ihn schon über zwanzig Jahre. Wenn er beginnt, rot und kraus zu werden, kann man ihn zurückschicken. Sie färben ihn neu. Haar für Haar!« – »Nerz! Ich kann mich nicht mehr an die Marke erinnern. Turmalin? Ja, das ist es. Er kommt von Maximilian. Sie sind sehr geschickt mit Pelzen. Russische Juden wissen mehr als alle anderen über die Arbeit mit Fellen...« Die Tatsache, daß sie Jüdin war, hinderte sie selten daran, solche nichtssagenden, aber spöttischen Bemerkungen zu äußern.

An diesem Tag führte Madame ihr Publikum zuerst zu dem Schrank mit der vor 1914 erworbenen Kleidung, aus der sie ein kunstvoll mit Perlen versehenes Gewand herauszog. Es war aus orange- und gelbfarbenem Samt, an der Seite in unebene Bahnen geschlitzt, die mit silbernen Troddeln besetzt waren. »Poiret!« verkündete sie großartig; »Poiret machte es. Er war verrückt nach Frauen. Ging pleite ihretwegen. Gab zuviele Kleider umsonst weg.«

Sie stolzierte herum, drapierte das brillante Kleid an ihrem kurzen Körper. Es war erstaunlicherweise noch zeitgemäß. Dann griff sie sich einen Umhang aus purpurrotem Satin mit blutroten samtenen Blumenapplikationen, warf sich ihn über eine Schulter, schmiegte sich in den immensen Kragen, und nahm eine an die zwanziger Jahre erinnernde Pose ein – eine Hand auf ihrer linken Hüfte verharrend, während die andere auf ihrem Schulterblatt ruhte: »Lanvin! Madame Lanvin, nicht der übliche Mischmasch. Sie fing an, Kindersachen zu machen. Dann zog sie Halbmondäne an; als nächstes heiratete ihre Tochter einen Grafen; dann kamen alle aus Paris zu ihr: Was kann ich Ihnen noch mehr erzählen?«

Mittlerweile hatten die Damen von der Presse Stifte, Notizblöcke hervorgeholt, und waren im Badezimmer freudig am Kritzeln: Ruth Mugglebee hatte sich auf der Badewanne niedergelassen, Eleanor Nangle saß auf der Toilette, während Lydia Lane am goldenen Waschbecken lehnte. In rascher Folge holte Madame Kleider hervor, entworfen von Doucet, Rochas, Schiaparelli, Fath und Dior. Sie beendete ihre Vorführung mit einer ihrer letzten französichen Neuerwerbungen – die aussah wie ein riesiger goldener Lampenschirm. »Das ist von Balenciaga! Er ist der König! Schauen Sie auf das Futter, sehen Sie die Stickerei, beachten Sie die Säume!« Sie hielt sich das Abendkleid an, drückte es an ihren Bauch. Ihre Augen glitzerten: »Stellen Sie sich vor! Es kostet dreitausend Dollar!«

Madame wählte nun, rein zufällig, eine von ihren bevorzugten Melonen aus. »Mr. John. Ein netter Mann! Er erfand sie für mich!« Als nächstes wählte sie einen enganliegenden Hut, dekoriert mit einem herunterbaumelnden Rosenkohl, an jeder Seite einen langen grünen Stiel: »Callot Sœurs. Sie sind nicht mehr im Geschäft. Tot oder sowas. Aber zu ihrer Zeit hat niemand bessere Hüte gemacht.« Kaum hatte sie diese Details von sich gegeben, griff sie nach etwas, das aussah wie ein schwarzer fellbezogener Schuh, setzte ihn auf Lydia Lanes Kopf. Es war tatsächlich ein schwarzer fellbezogener Schuh, geschickt geschnitten, um auf den Kopf zu passen: »Schiaparelli!« trällerte Madame. »Sie war ein Spaßvogel. Steht Ihnen. Ihre Zeit. 1938. Sie können ihn behalten!«

Miss Lane zuckte nicht mit der Wimper: »Herzlichen Dank. Ich hoffe, daß Sie mich nun entschuldigen, denn ich habe mit Miss Arden zu telefonieren. Miss Elizabeth Arden.«

Madames Kiefer wurde länger. Erbarmungslos fuhr Miss Lane fort: »Ja, Miss Arden hatte einen Unfall. Eines ihrer Pferde biß ihr einen Finger ab.«

»Das tut mir aber leid«, antwortete Madame. Und, jedes Wort genießend: »Und wie geht es dem Pferd?«

Ich war gezwungen, Zuflucht hinter den Schränken zu suchen und schüttelte mich vor Lachen.

»Wohin sind Sie verschwunden?« empfing mich Madame bei

meiner Rückkehr. Sie erwartete keine Antwort. »Bitte gelei-
ten Sie die Damen hinaus. Ich habe zu Hause zu arbeiten.«
Mit dieser Bemerkung waren wir entlassen.

Während wir die Park Avenue herunterspazierten, auf meinem Weg zurück ins Büro, warf Lydia Lane noch ein Licht
auf Madames Verhalten. Die anderen beiden Damen hatten
uns verlassen. Wir konnten und mußten reden.

»Armes Ding. Ich denke, was sie wirklich aufgeregt hat,
war die Tatsache, daß Sie mir mehr Aufmerksamkeit ge-
widmet haben... mir! Sie war ein klein wenig eifersüchtig...
auf Sie!«

»Was anderes hätte ich tun sollen?«

»Nichts…, außer daran zu denken, daß Madame ihrer Ansicht nach immer zuerst kommt.«

»You have to be klug«

Die STERN-Kolumnistin Sibylle besuchte Helena Rubinstein 1964 in ihrem Pariser Domizil auf der Ile Saint-Louis.

Die Frau in dem kostbaren Gobelinstuhl sieht aus wie ein Buddha. Sie sitzt mir gegenüber, sehr aufrecht, den kurzen, plumpen Körper in einen kostbaren Sack von Dior gekleidet, ein Juwel von Kleid aus Perlen und gestickten Blumen. An ihren kleinen, weißen Fingern stecken Saphire groß wie Pflaumen, Perlenschnüre schienen den Hals bis zum Kinn. Erstaunlich viel dunkles Haar straff aus dem erstaunlich faltenarmen Gesicht gekämmt, gerougte Wangen, warme, wache Augen – eine Frau, die wohl nie eine ideale Schönheit war, aber mit Schönheit eines der größten Vermögen der Welt verdiente: Helena Rubinstein.

Man nennt sie Madame. Man sagt, sie sei 93. Selber gibt sie 80 zu und straft dies Lügen durch ihre Energie. Sie ist unter Freunden hundert Millionen Dollar wert, die sie allein gemacht hat, die ihr allein gehören. Sie spricht mit leiser, rauher Stimme Englisch, Französisch, Deutsch, alles mit dem harten Akzent ihrer polnischen Muttersprache und souverän gemischt. »You have to be klug«, sagt sie. »Klug, c'est ca.«

Jetzt sitzt sie hier in ihrem gelbseidenen Salon im obersten Stockwerk des Hauses am Quai de Béthune in Paris, schräg gegenüber von Notre Dame auf der Seine-Insel gelegen, immer von Polizisten bewacht: Frankreichs Premierminister Pompidou wohnt im dritten Stock als Madames Mieter.

Madame wartet auf Gäste. Heute gibt sie ihren großen Mode-Cocktail. Diese Cocktails sind berühmt, sommers vor Lorbeerhecken und Marmorbänken auf dem Dachgarten, von dem man weit über die Dächer von Paris sieht, jetzt im Winter in der Flucht von Räumen, vollgestopft mit einer der kostbarsten und zugleich skurrilsten Sammlungen moderner Bilder, ägyptischer Ausgrabungen, chinesischer Teppiche, mit Negerschnitzereien, Möbeln aus französischen Schlössern und gläsernem Schnickschnack.

Es ist wie beim Lever eines Barockfürsten. Diener tragen Platten herbei, Champagnertabletts. Musiker in schwarzen Wollponchos über weißen Hirtenhemden verbeugen sich vor Madame, schöne braune Burschen von irgendeiner exotischen Insel, sie zupfen Gitarren und singen Sehnsüchtiges. Madame lächelt milde. »Von allen Künsten habe ich für Musik am wenigsten über.« Aber als die »Beatles« in Paris auftraten, war sie natürlich dabei. Es interessierte sie. Alles interessiert sie, was der Tag bringt, als sei sie täglich aufgerufen, den Tag zu erfassen, zu werten, zu nutzen. Noch immer.

Vor ihr steht ein Teller mit Häppchen Kaviar. Sie schiebt ihn beiseite: »Ich habe keinen Appetit.« Als ich eine Woche später mit ihr in dem kleinen Restaurant esse, vertilgt sie mit Behagen einen gegrillten Schweinsfuß und lutscht noch die Knöchlein aus. »Übertriebene Diät ist Unsinn«, sagt sie. »Jede Frau muß selbst herausfinden, wie sie ihre Figur hält. Selbstdisziplin gehört natürlich dazu – wer zwischen den Mahlzeiten Kuchen nascht, braucht sich über das Resultat nicht zu wundern. Wie kann man ein Doppelkinn haben, wenn man jeden Tag ein paarmal diese Übung macht...«, sie rollt ihren alten Kopf langsam mit gespanntem Hals von einer Seite zur andern wie eine witternde Schildkröte. Aber in der Tat: Doppelkinn hat sie nicht.

»Ich glaube an Gymnastik«, sagt sie. »Täglich sich strecken. Sich straffen, jeden Muskel bewußt straffen. Täglich mindestens eine halbe Stunde gehen – noch vor ein paar Jahren ging ich zu Fuß ins Büro. Die Frauen würden nicht alle an Verstopfung und daher welker Haut leiden, wenn sie mehr laufen würden. Schönheit kann nicht von außen kommen, nicht vom Make-up, das man auflegt. Schönheit ist harte Arbeit. Eine Frau muß ihre Haut so pflegen, daß sie am schönsten ohne Schminke morgens im Bett ist. Natürlich, dazu gehört Willenskraft. Aber die braucht man immer, um Erfolg zu haben.«

Dann kommen die Cocktail-Gäste. Zuerst eine schlanke schicke Silbergetönte, die Madame ehrfürchtig die Wangen küßt. »Meine Nichte«, sagt Madame. Die Nichte ist eine der vielen Nichten, Neffen, Cousinen, Schwestern, die Helena Rubinstein in ihrem interkontinentalen Unternehmen beschäftigt: 30 000 Angestellte, Niederlassungen in allen Weltstädten, Fabriken in Amerika, Australien, Südafrika, Frankreich, Schweiz, Italien, 450 verschiedene Schönheitsprodukte, die in über hundert Ländern verkauft werden, noch im letzten Drugstore die weißen Töpfe mit der goldenen Aufschrift »Helena Rubinstein«, und noch die letzte Salbe von Madame persönlich kontrolliert.

Gegen neun ist Madame plötzlich verschwunden. Erschrecken breitet sich unter den Gästen aus, schließlich ist sie neunzig, oder achtzig, immerhin – doch nein, sie hat sich nur zurückgezogen, um mit ein paar Freunden Bridge zu spielen, die Partie Bridge am Abend gehört zu ihrem Leben wie die Lektüre der Börsenberichte am Morgen. Ihre Spekulationen in Grundstücken und Aktien sind ebenso erfolgreich wie ihr Kosmetikgeschäft. »Ich kann machen, was ich will«, sagt sie, »was ich anlange, wird zu Geld.« Noch als sie unlängst mit einer schweren Lungenentzündung in der Klinik lag, las sie die Aktienkurse und schrie unter dem Sauerstoffzelt: »Ich habe dem Esel doch gesagt, er soll verkaufen – jetzt sind wir drei Punkte gefallen.«

Männer spielten nur eine Nebenrolle in ihrem Leben

Ihr Leitsatz und Lieblingswort ist eben: »Ich bin geboren, um zu arbeiten.« Sie arbeitet heute wie damals in Australien vom Erwachen bis in die Nacht, leitende Angestellte, die auf die Uhr schauen, halten sich nicht lange bei ihr, Arbeitsfanatiker haben eine Lebensstellung. Beim Mittagessen sagt sie plötzlich zu ihrem Sekretär: »Laß mich nicht vergessen, Patrick, wir müssen dem Doktor in London sagen, er soll was Neues für die Augen herausbringen.« Sie kann keine Namen behalten, nennt die Mitglieder ihres Aufsichtsrates: »Der Mann mit dem Leberleiden«, »Der Mann, dem die Frau starb«, »Der immer mit dem Schirm kommt«.

Ob Männer in ihrem Leben je eine Rolle gespielt haben? Wohl eher hat sie ihnen Rollen zugewiesen – Nebenrollen. Erst dem amerikanischen Journalisten Edward J. Titus, den sie in Australien traf und heiratete, mit dem sie zwei Söhne hatte. Er schrieb ihre Werbetexte, arrangierte ihre Inserate, überredete sie 1914 bei Ausbruch des Ersten Weltkrieges, nach New York zu übersiedeln, wo sie ihren ersten Erfolg erst eigentlich zu einem Welterfolg ausweitete. Titus war es auch, der sie mit Künstlern zusammenbrachte – »sie rannten mir das Haus ein« –, und Helena begann, ihre

Bilder zu kaufen, viele für ein Butterbrot. Doch in den dreißiger Jahren verließ Titus Helena mit einer Schweizerin, die nicht nur an Arbeit dachte. Helena heiratete später den russischen Prinzen Artchil Gourielli-Techkonia, der gleich zu Anfang mit einem Meißel Edelsteine aus dem Pariser Prunkbett brach. Die Ehe soll trotzdem glücklich gewesen sein. Doch am Geschäft hat Madame ihre beiden Männer nicht beteiligt, sie räumte ihnen lediglich Konten ein. Auch ihr Sohn Roy V. Titus hat nur einen Generaldirektorposten in Mamas Geschäft. Lieblingssohn Horace starb vor einigen Jahren.

Madames persönlicher Sekretär und Adjutant, Patrick O'Higgins, nimmt die Stelle eines Ehemannes, Sohnes, Kammerdieners, Krankenpflegers, Arrangeurs, Reisemarschalls und ständigen Begleiters ein. Ein smarter Rotschopf Ende Dreißig, der ihr in Aufzüge und Autos und ins Bett hilft, ihre Partys und Briefe ordnet, ihre Gedanken in Rundschreiben übersetzt und sich an die Namen der Leute erinnert, mit denen Madame reden will. Er versieht sein Amt mit der perfekten Gelassenheit und dem sommersprossigen Charme eines gelernten Briten und bricht darunter jährlich einmal zusammen.

Kunst als Kapitalanlage: Bilder sind wichtiger als Autos
Madame hingegen trottet weiter mit ihren kurzen Schritten über die Gangways von Schiffen und Flugzeugen, um ihre Unternehmen in Japan und Neuseeland zu besichtigen, um zu sehen, daß die Verkäuferinnen von Kapstadt bis Narvik auf die von ihr gewünschte Weise die Rubinstein-Produkte an die Frau bringen. »Verkäuferinnen müssen die Kundinnen wirklich beraten können«, sagt Madame und hält

deshalb in Paris und New York regelrechte Schulungen ab, »...die mich eine Menge kosten«.

Als Mäzenatin hingegen ist sie nicht sparsam, stiftet Kunstpreise, unterstützt Maler, setzt Wettbewerbe aus, gab eine Viertelmillion Dollar für eine neue Kunsthalle in Tel Aviv, stiftete 50 000 DM für junge deutsche Maler, richtete einen Lehrstuhl für Chemie an einer Universität in Massachusetts ein. »Ich helfe vielen Leuten, und ich helfe gern. Aber es macht mich krank zu sehen, daß sie das Geld zum Fenster hinauswerfen.« Junge Leute, die auf ihre Kosten studieren dürfen und in den Semesterferien im Sportwagen vorfahren, sind ihr ein Dorn im Auge. Sie selbst fährt im Leihwagen, weil sie Autos für eine schlechte Kapitalanlage hält.

Bilder hingegen für eine gute. In New York hat sie in ihrem dreistöckigen Penthouse auf einem der Park Avenue-Hochhäuser eine private Gemäldegalerie voller Porträts, welche die berühmtesten Pinsel unserer Zeit von ihr gemalt haben. Leute, die sie gut kennen, behaupten, sie hätte ihre unschätzbaren Kollektionen – die Skulpturen aus Kreta wie die mexikanische Volkskunst, die Dufys und Chagalls und Braques, die Dior-Kleider, die Gobelinstühle, die blauen Opaline-Gläser wie die riesengroßen Juwelen – alle nach der gleichen Methode gekauft: im Dutzend und bar, von der jeweiligen Addition ein Drittel abstreichend für die große Stückzahl und das »Zahle sofort«.

Wissenschaft steckt in jedem Cremerezept
Doch so kostbar ihre Wohnungen in New York, in London und Paris ausgestattet sind, so einfach sind ihre Fabriken nach dem Prinzip äußerster Zweckmäßigkeit. Die Fabrik in

Paris ist erst fünf Jahre alt, drei Stockwerke, in einer stillen Seitenstraße draußen im Vorort Saint-Cloud, die Wände teilweise unverputzt, das Mobiliar Stellagen aus Stahlschienen, die Büros der leitenden Direktoren Kammern, der Betrieb so rationalisiert, daß in den großen Hallen nur eine Handvoll Menschen arbeitet.

Und das ohne Hast. Der ganze Bedarf an Cremes, Lotionen, Gesichtswässern für Frankreich, die Benelux-Länder und Skandinavien wird von vier Leuten in großen Kupferkesseln gekocht, als handle es sich um das Mittagessen einer mittleren Betriebskantine. Es duftet wie in einer parfümierten Molkerei, durch eine Pipeline wird die cremige Masse nach unten auf das Fließband der Packerei in die Flaschen und Töpfe geleitet – das ist alles. Die Puder-Produktion erledigt eine einzige Person, gelbbraun wie ein alter Inka, weil die neue Modefarbe »Colorado« heißt. Sie stellt die Hebel der Mühlen und Siebe, preßt die feingemahlene Substanz in Platten, die auf Blechen wie Kuchen gebacken und später in die eleganten weißgoldenen Schachteln abgepaßt werden, aus denen sich Millionen Frauen die Nasen mattieren.

Zu jeder Fabrik gehören Versuchslaboratorien, in denen die klimatischen Bedingungen des Landes, neue chemische und medizinische Erkentnisse untersucht, verglichen, gewertet werden. Denn Helena ist noch immer dem Grundsatz ihrer Jugend treu: Sie betrachtet Kosmetik als Wissenschaft und basiert ihre Cremes und Gewässer auf präzis untermauerten Forschungen. Madame im weißen Kittel ist allen in der Fabrik vertraut, sie interessiert sich noch genau für die Zusammensetzung, die Entstehung und Verpackung jedes Produkts und zögert nicht, ein fehlerhaftes vom

Markt zu nehmen. »Wie war das mit dem Wasser gegen Runzeln auf der Stirn?« – »Vergessen Sie es, das taugte nichts.«

Madame haßt Verschwendung und schlechte Esser

Anderntags bin ich bei ihr zum Lunch eingeladen. Wir streichen den übriggebliebenen Kaviar von der Party gestern abend auf Graubrot. Madame trinkt einen Wodka. »Es ist Montag, da kriegen wir sowieso nichts Gescheites zu essen«, sagt sie. »Ich habe es ihr zwar schon vor Tagen gesagt, daß ich Gäste habe, aber sie hört ja nicht auf mich. Und heute sind die Läden zu.« »Sie« ist die Haushälterin am Quai de Béthune, eine grämliche Zitrone, die aber ein perfektes Essen aufträgt. Salat, harte Eier, etwas Dosenhummer, dann gegrillte Leber mit Kartoffelbrei. »Nehmen Sie, den Kartoffelbrei macht sie gut«, sagt Madame und häuft mir zwei große Löffel auf den Teller. Danke, sage ich, probiere aber nur eine Gabel voll, weil ich meine Taillenweite mehr liebe als Kartoffelgerichte. Adjutant Patrick tritt mich warnend unterm Tisch: »Madame kann Leute nicht ausstehen, die in ihrem Essen stochern!«

»Nun«, sagt sie, »ich habe nichts dagegen, wenn jemand wenig ißt. Aber dieses Mädchen, mit dem wir neulich bei ›Maxim‹ waren – reiche Familie, arm geworden, ich wollte ihr eine Freude machen. Sie bestellte sich die teuersten Sachen, gut, ich hatte sie schließlich eingeladen. Aber dann nahm sie von jedem Teller nur einen Mundvoll und schickte den Rest zurück. Ärgerlich.«

Ähnliches soll sich zugetragen haben, als Madame bei einem Diner zwischen Prinz Orsini und Schriftsteller Tennessee Williams speiste. Der Dichter, schlechter Laune, aß so gut wie nichts. »Was ist los«, sagte Madame, »schmeckt es Ihnen nicht oder haben Sie keinen Hunger?« Nahm des Dichters vollen Teller und stellte ihn vor den Prinzen, der sich den seinen eben zum zweiten Mal füllen wollte. »...denn, wissen Sie, ich hasse Verschwendung«, sprach Madame.

Selbstverständlich habe ich meinen Kartoffelbrei an diesem Mittag aufgegessen und den Bäckerkuchen auch, den es zum Dessert gab.

»Unüberbietbar geizig«

*Claire Goll hat in ihren Memoiren »Ich verzeihe keinem«
auch über Helena Rubinstein etwas zu sagen und, wie nicht
anders zu erwarten, nichts Gutes.*

Vom ersten Tag meines Pariser Aufenthalts an habe ich
gearbeitet, zunächst schrieb ich Artikel über Mode für deutsche Journale. Mallarmé und Colette waren meine Vorgän-
ger in diesem literarischen Broterwerb. Durch die Notwen-
digkeit, von der Pike auf zu lernen, trat ich mit den größten
Modeschöpfern, Textilfabrikanten, Porzellanherstellern in
Kontakt. Unter diesen Pariser Industriellen war Helena
Rubinstein eine Galionsfigur. Sie bestellte bei mir poetische
Beschreibungen ihrer Schönheitsmittel.

»Du solltest mir einen kleinen Text über das neue Lippenrot
schreiben«, sagte sie.

»Schön, gib mir einen Stift mit.«

Sie zog mich zu einer Abteilung weiter. »Hier kannst du
probieren, soviel du willst!«

»Ich mach's lieber zu Hause.«

»Unmöglich. Diese Muster müssen in der Abteilung bleiben.
Die Verkäuferin ist dafür verantwortlich.«

»Du willst, daß ich über deine Neuheiten schreibe, und
dabei kannst du mir nicht einmal einen Lippenstift mitge-
ben?«

»Du ahnst nicht, wie kompliziert unsere Abrechnungspro-
bleme sind.«

Unüberbietbar geizig in Kleinigkeiten, gab sie mir nichts,

warf aber das Geld zum Fenster hinaus, wenn es darum ging, ihren Größenwahn zu befriedigen. Bei ihren Empfängen hätte man in Champagner baden und den Kaviar mit Schöpflöffeln essen können, aber im Laden wurde jede Puderdose schärfer kontrolliert als das Morphium beim Apotheker.

Man wird nicht durch Zufall Helena Rubinstein. Glück genügt nicht, um ein Unternehmen aufzubauen, dessen Umsatzziffern mehrere Millionen Dollar übersteigen. Dazu gehört Genie. Helena Rubinstein hat es von dem Moment an bewiesen, als sie begriff, daß die Zeit für die Massenproduktion von Schönheitsmitteln gekommen war. Sie hat damit keinen ortsgebundenen Handel aufgezogen, sondern die ganze Welt überschwemmt: Melbourne, London, Paris und schließlich auch Nord- und Südamerika. Der kleine Kaufmann ist froh, wenn er ein Lager hat, das ihm angenehme Einkünfte sichert. Sie hatte nur den einen Gedanken: Investieren, Riskieren, Erweitern. Das zeigte sie schon in jungen Jahren. 1908 in London in einem Gebäude von sechsundzwanzig Räumen ein eigenes Schönheitsinstitut zu eröffnen, das muß ihr erst einer nachmachen.

Außer ihren Salben und Wässerchen kannte sie nichts. Einmal, als ich in ihrer New Yorker Wohnung ankam, nahm sie mich am Arm, um mich vor ein Gemälde zu führen.

»Claire, jetzt zeige ich dir den wunderbarsten Chagall, den du je gesehen hast.«

Ich traute meinen Augen nicht. »Aber Helena - das ist doch ein Matisse!«

Es focht sie nicht im geringsten an. »Meinst du?« fragte sie nur.

In ihren Wohnungen häuften sich sagenhafte Schätze. Da

gab es ein venezianisches Zimmer, einen chinesischen Salon, Räume im Stil Louis XIV., Louis XV. und aller sonstigen Louis. Auf dieser Grundlage hätte man ihr auch einen Joe Louis andrehen können.

Woher kam diese Sammel- und Kauflust, da sie doch einen Empiresessel kaum von einem Küchenschemel unterscheiden konnte? Sie kaufte, um ihrerseits ihre Cremetöpfe besser zu verkaufen. Auch hier witterte sie mit genialem Geschäftssinn, daß die Frauen nicht nur ein duftendes Fett- und Kräutergemisch bezahlten, sondern einen Teil ihrer Träume. Helena Rubinsteins Produkte mußten ja die allerbesten sein, weil sie ihrer Schöpferin ein Vermögen einbrachten. Hätte sie in einer Mansarde gehaust, so hätte man sie verdächtigt, Forschungskredite zu verschwenden. Aber da sie auf einem Berg von Luxusartikeln thronte, flößte sie Vertrauen ein. Bei ihr drängten sich die renommiertesten Innenarchitekten, Antiquare und Pelzhändler, abgelöst von Herzoginnen und Marquisen, die bei ihr Jean Cocteau, Picasso und Diaghilew zu treffen hofften. Helena Rubinstein und ihr Geld schlugen Brücken zwischen Malern, die nicht von ihrer Tür wichen, und Sammlern, denen die Maler ihre Bilder verkaufen wollten, Fürstlichkeiten, die mit Dichtern und anderen Künstlern plauderten, Schriftstellern auf der Suche nach einem Verleger, Tänzerinnen auf der nach einem vermögenden Freund, älteren Schwerenötern auf der Jagd nach einem Backfisch in Finanznöten... Helena Rubinstein galt inmitten dieses Hexenkessels als gesuchteste Frau von Paris, und all dieser Flitterglanz verdichtete sich zur geschäftsfördernden Aureole um ihre Puder und Salben. In den Augen des Publikums konnte Helena Rubinstein nichts anderes als Wundermittel verkaufen, weil ihr Erfolg wundersam genug war, um sogar die Beachtung Cocteaus und Picassos zu erzwingen.

Je mehr Geld sie zum Fenster hinauswarf, desto mehr fuhr sie dafür in ihre Scheuer ein. Schließlich ließ sie sich zum Spiel verleiten. Ihr Mann und sie trennten sich, und sie kaufte sich einen betitelten Säufer, Artchil Gourielli-Techkonia, einen georgischen Prinzen und Experten in Schnaps, Wodka und anderen scharfen Getränken. Einige ehemalige weißrussische Gardeoffiziere versicherten, ihn vor Kriegsausbruch 1914 nüchtern gesehen zu haben, aber seit der Hinrichtung des Zaren sei er vor Schmerz nicht mehr aus dem Suff herausgekommen. Helena Rubinstein gewann mit dieser Wiederheirat die Krone einer Karnevalsprinzessin und das Recht, sich von der Dienerschaft mit »Hoheit« anreden zu lassen. Ihre Laune war um so sinnloser, als ihr Ruhm nicht darin bestand, die morganatische Gemahlin eines so mittelmäßigen wie fragwürdigen Fürsten, sondern eben Helena Rubinstein zu sein. Sie änderte ihren Namen auch nur auf den Ausweispapieren, denn auf Millionen von Tuben und Dosen war es der Name Rubinstein, der Massen anzog.

Die Kunstsammlerin

*Die amerikanische Journalistin Janet Flanner (1892-1978)
widmete Helena Rubinstein 1957 einen Artikel in der französischen Kunstzeitschrift »L'œil«.*

Madame Rubinstein begann 1912 in London damit, Kunstwerke zu erwerben. Ihre Vorliebe galt zunächst Masken
und Köpfen aus Schwarzafrika – eine eigenartige Wahl
für jemanden, dessen Beruf es ist, die Gesichter abendlän-
discher Frauen zu verschönern.
In London lernte sie den Bildhauer Jacob Epstein kennen.
Beide gehörten zu den ersten, die die wunderbaren Werke
afrikanischer Kunst zu schätzen wußten – lange bevor
dies Mode wurde. Gemeinsam besuchten sie Auktionen
schwarzafrikanischer Kunstobjekte, und es geschah oft,
daß sie einander überboten. In Paris begegnete sie dem
kubistischen Maler Louis Marcoussis, der Pole wie sie war.
Er stellte sie anderen Pariser Künstlern vor, brachte ihr die
Moderne Kunst nahe und trug viel zur Entwicklung ihres
Kunstverständnisses bei. Als er sie jedoch aufforderte, etwas zu kaufen, was ihr nicht gefiel, konfrontierte sie ihn
mit der Binsenweisheit, die ihr seitdem Beratern gegenüber als Argument dient: »Sie sind nicht gezwungen mit
diesem Werk zu leben; aber ich. Warum sollte ich mit etwas
leben, das mir nicht gefällt?«
Im Paris der Zeit vor dem Ersten Weltkrieg traf sie auch auf
den jungen Bildhauer Elie Nadelman, einen anderen
Landsmann. Gänzlich unbekannt, schuf er im manieristi-

schen Stil weiße Formen von archaischer, äußerst schlichter Eleganz.

1914 ging Helena Rubinstein nach New York, um eine amerikanische Niederlassung zu eröffnen und um dort zu wohnen. Wenige Zeit später forderte sie Nadelman auf, mit 26 seiner Werke nach New York zu kommen und organisierte seine erste Ausstellung in der berühmten Stieglitz Galerie »291«. In der Fifth Avenue 291 befand sich das Zentrum der Avantgarde Manhattans; dort wurden zum ersten Mal Zeichnungen von Picasso und Matisse gezeigt. Die Ausstellung von Nadelman war ein Mißerfolg: er verkaufte keine einzige Skulptur, aber Helena Rubinstein erwarb sie alle, ohne ihm etwas davon zu sagen. Das Talent Nadelmans, das in Europa bis zu seinem Tod unbeachtet blieb, wurde schließlich in New York erkannt, wo im Museum for Modern Art acht seiner Skulpturen stehen.

Helena Rubinstein ist die erste Unternehmerin, die auf die Idee kam, Exponate ihrer moderner Kunstsammlung für Werbezwecke einzusetzen. Die Künstler und sie selbst erzielten damit großen finanziellen Erfolg. Das Konzept ihrer Werbekampagne, das sich, neu und raffiniert, auf ihre Neigung zur Modernen Kunst stützte, war gewagt. Sie hatte die Idee und den Mut, das Intellektuellste, Gefragteste und Fortschrittlichste in der Modernen Kunst dort einzusetzen, wo man es am wenigsten erwartete, in ihren Schönheitssalons in New York und London, dort wo man sich darum kümmerte, eine Klientel zu verschönern, von der anzunehmen war, daß sie genauso reich und »sophistisch« war wie Madame Rubinstein selbst.

Seit 1930 ähnelten ihre Salons kleinen Museen. Zunächst hängte sie kubistische Bilder von Marcoussis auf. Sie stellte auch einige bedeutende Skulpturen ihres Freundes Brancusi auf: *L'oiseau dans l'espace*, aus Bronze, und *La Négresse blanche*, aus Marmor. In Amerika hatte es bis dahin keine Werbung auf so hohem Niveau gegeben. Sie stellte jedoch keine schwarzafrikanischen Skulpturen aus: »Die Kunden würden das nicht verstehen«, sagte sie. Um den modernen Kunstwerken in ihren Salons einen geeigneten Rahmen zu geben, ließ sie sich bei der Ausstattung von ihrer Vorliebe für dramatische Effekte leiten.

Die Ideen gingen ihr nie aus. Als sie beispielsweise das erste Mal Marie Laurencin in Paris traf, war die schöne Marie beim Publikum noch unbekannt. Madame Rubinstein erzählt: »Ich veranlaßte sie, mein Porträt zu malen, ich kaufte mehrere ihrer Gemälde, die mir gefielen, ich kaufte auch einige Dutzend ihrer Aquarelle.« Später zog sie diese auf Puderdosen, wie man zur Zeit Louis XIV. Miniaturen auf Schachteln gezogen hatte. Die Puderdosen verkauften sich sehr schlecht, zum lächerlichen Preis von fünf Dollar. Aber, Ironie des Schicksals, als sie mit Reproduktionen von Gemälden der Marie Laurencin geschmückt wurden, hatten sie in den Staaten großen Erfolg. Über mehrere Jahre benutzte Helena Rubinstein die Reproduktionen als Weihnachskarten, was eine weitere Erfindung war. Später setzte sie die Zeichnungen ihres Freundes Dufy für eine Werbekampagne namens »Aquarelle« ein, mit Gewinn für beide Seiten. Vor zwei Jahren schuf Madame Rubinstein ein Parfüm, das sie *Quatrième Dimension* taufte; zwei abstrakte Bilder aus ihrer Privatsammlung, eines von Miró, das andere von dem Amerikaner De Kooning, sicherten den Werbeerfolg. Keiner der Künstler hat jemals gegen die Verwendung seines Talents für diese Zwecke protestiert. Es ist das Zeichen einer neuen Epoche, daß die Künstler neue Funktionen ausfüllen, in einer Welt, in der die Millionen, die Frauen ausgeben, in der Hoffnung, schöner zu werden, eine Art Wirtschaftswunder darstellen.

Die New Yorker Sammlung umfaßt ungefähr 200 moderne Gemälde und Graphiken, eine Menge kostbarer Objekte, insbesondere eine Sammlung rosa Opale, schön wie Orchideen und eine auf der Welt einmalige Sammlung antiker Miniaturmöbel. Gleichwohl ist es die Sammlung schwarzafrikanischer Kunstwerke in ihrer Pariser Wohnung, die Madame Rubinstein als unvergleichliche Kunstsammlerin auszeichnet. Die aus 600 Kunstwerken bestehende Sammlung ist eine der schönsten Privatsammlungen von beeindruckender Perfektion. Dazu gehört unter anderem auch eine Sammlung sudanesischer Kunstobjekte. »Die gesamte Kollektion Rubinstein ist von hoher Qualität«, schrieb ein Experte; es handelt sich »um eine Sammlung, die unter bestimmten, sehr präzisen Kriterien ausgewählt wurde.«

Im letzten Frühjahr fuhr Helena Rubinstein nach Japan und machte auf dem Weg für einen Tag in Hongkong Station, wo sie einen Nachmittag mit dem Erwerb von Kunstwerken in einem der bekanntesten chinesischen Läden verbrachte. Ein Zeuge berichtet, daß sie zunächst dreißig Paravents von Coromandel erstand und dann fragte: »Haben Sie noch etwas anderes?« Jedes Mal wenn sie einen Kauf abgeschlossen hatte, sagte sie nach chinesischer Sitte: »Und jetzt trinken wir eine Tasse Tee und ruhen uns etwas aus. Sie sind ein bemerkenswerter Kenner und besitzen viele schöne Dinge, aber sie sind zu teuer.« Der Chinese verbeugte sich jedesmal freundlich und erwiderte: »Und Sie, Madame, Sie sind eine außerordentliche und bewundernswerte Person, aber der Preis dieses Objektes, mit dem Sie gerade liebäugeln, bleibt bei 2000 Hongkong-Dollar.« Und so fuhren sie fort, während sie sich Komplimente machten und die Qualitäten des anderen bewunderten, Preise auszuhandeln und Kunstwerke zu begutachten. Am Ende des Nachmittags hatte sie viel Tee getrunken und viele Einkäufe getätigt. Während sie ihre Errungenschaften zusammentrug, machte der Händler die Rechnung fertig; dabei beging er einen Irrtum, den sie sofort korrigierte, denn sie hatte alle Zahlen im Kopf behalten. Drei kleine Objekte waren verschwunden, sie war es, die sie wiederfand. »Wir haben gute Geschäfte gemacht, nicht wahr?« sagte sie zu dem Chinesen. »Jetzt bitte ich Sie, mir ein kleines Geschenk zu geben.« Bei der Verabschiedung erhielt sie ein bescheidenes Geschenk. »Vergessen Sie den jungen Mann nicht«, sagte sie und wies auf ihren Sekretär. Letzterer bekam ein noch bescheideneres Geschenk. Sie hatte im ganzen 226 Objekte erworben, in einer Zeitspanne von fünf Stunden. Der Nachmittag war gelungen: sie hatte schöne Dinge eingekauft… und sie hatte sie »en gros« eingekauft.

Im Kampf gegen die Zeit

In ihrer Biographie »Ein Leben für die Schönheit« hat Helena Rubinstein Grundsätze ihrer Arbeit formuliert.

Seit meinen Anfängen hatte ich von einer streng überwachten Berufsausbildung geträumt, von einem Lehrgang für Kosmetikerinnen, der zu einem Diplom führen sollte. Seither habe ich erfahren, welchen Schaden der zufällige Gebrauch gewisser chemischer Grundstoffe anrichten und welche Rolle bei empfindlichen Menschen die Allergie spielen kann.

Gleichwohl schien es mir von Anfang an, daß mich die Vereinigten Staaten vor ganz neue Aufgaben stellten. Nachdem ich in Melbourne das in jeder Frau schlummernde Verlangen, sich zu vervollkommnen, aufgerührt hatte, nachdem ich geduldig wissenschaftliche Studien betrieben und sowohl in London als auch in Paris meine Methoden ausgearbeitet hatte, die es mir erlaubten, meiner Lehre zum Durchbruch zu verhelfen, nachdem all dies erreicht war, sah ich mich den schwindelerregenden Forderungen eines ungeheur großen Landes gegenüber. Millionen Frauen aller Lebensverhältnisse und aller Rassen, den unterschiedlichsten klimatischen Verhältnissen ausgesetzt, mußten lernen, sich zu verschönern und sich der unvergleichlichen Kraft bewußt zu werden, die man nur ausschöpfen kann, wenn man sich auf der Höhe fühlt.

Ich glaube, nie in meinem Leben habe ich mehr gearbeitet als in der Zeit der Studien, Untersuchungen und Vorbereitungen. Ich führte, kreuz und quer ganz Amerika bereisend, das Wanderdasein eines Menschen, der eine Theatertournee organisiert. Ich beschränkte mich nicht darauf, meine Methode zu erweitern, indem ich mit einem Mitarbeiterstab von Kosmetikerinnen von Baltimore nach San Francisco, von Denver nach Charleston, von Miami nach Kansas City fuhr; ich nahm mit allen Städten auch nähere Fühlung, untersuchte und erforschte überall die Bedingungen und die besonderen Bedürfnisse. Dabei unterstützten mich die großen Zuhörermengen der Frauen, die begeistert oder spöttisch, neugierig oder zweifelnd zu unseren Veranstaltungen kamen.

Das Versandgeschäft, das mir schon in Europa beinahe über den Kopf gewachsen war, gestaltete sich in einem so großen Lande wie den Vereinigten Staaten natürlich noch schwieriger. Früher oder später mußte ich meine Produkte in Warenhäusern verkaufen lassen. Der Gedanke an diese Verbreiterung beunruhigte mich, aber unwiderstehlich wurde ich vom Erfolg und von den amerikanischen Gebräuchen mitgerissen.

Das erklärt wohl, mit welcher Sorgfalt ich meine Demonstrantinnen ausbildete, und warum ich sie ihr Gewerbe von A bis Z erlernern ließ. Diese Ausbildung, die ungefähr sechs Monate dauerte, kostete zweihundertfünfzig bis fünfhundert Dollar. Der Beruf der Demonstrantin, den es heute auf der ganzen Welt gibt, ist eigentlich meine Erfindung.

Erst im Jahre 1920 glaubte ich für die grundlegende Reorganisation der Verbreitung der Marke Rubinstein bereit zu sein. Mein wissenschaftlicher Begriff von weiblicher Schönheit stand künftighin der ungeheuren Entwicklung des berühmten amerikanischen Wohlstandes zur Verfügung.

Als die große Verbreitung, die die Entstehung neuer Betriebe, modernisierter Fabriken und örtlich abgestimmter Propaganda bedingte, ihre Anforderungen an mich stellte, mußte ich auch meine europäischen Schönheitsinstitute reorganisieren und in den großen Städten im Süden Amerikas zahlreiche Kliniken einrichten. Meinen Kreuz- und Querfahrten durch die Vereinigten Staaten folgten fortwährende interkontinentale Reisen. Ich gewöhnte es mir an, mich im Flugzeug auszuruhen.

Diese weiten Reisen benutzte ich zu Zusammenkünften mit Biologen, Chemikern, Physikern und anderen gelehrten Spezialisten, die auf dem Gebiet der Schönheit für Bereicherung sorgten und für den Kampf gegen das Altern Waffen liefern konnten. Da fanden leidenschaftlich bewegte Beratungen und fruchtbare Unterhaltungen statt, bei denen ich mich, nachdem ich der Verhandlung die Richtung gegeben hatte, hinter aufmerksamem Schweigen verschanzte.

Zu diesen Bildungsreisen kamen die Reisen zu den Quellen der Grundstoffe für meine Produkte. Ihre Wirksamkeit hängt oft von einzigartigen geographischen Bedingungen ab. Infolgedessen sind Seerosen aus Ägypten, kanadisches Frauenhaar und bestimmte australische Algen unübertrefflich. Es gibt Pflanzen, die überall wachsen, die aber nur ihre Wirksamkeit entfalten, wenn man sie in einem ganz bestimmten Teil der Auvergne pflückt. Der Jasmin von Grasse ist zehnmal wertvoller, wenn er in der Morgendämmerung trocknet, nachdem man ihn auf einem besonders gelegenen Hügel ausgebreitet hat. Ich bin nach Äthiopien gefahren, um mir dort das Wachs wilder Bienen zu beschaffen, das sich mit keinem anderen vergleichen läßt. Ich habe auch eine Reise nach Tibet unternommen, wo ich hinter dem Moschus des Bisamtieres her war, das auf den Abhängen des Himalajas zu Hause ist. Nichts Spannenderes gibt es, als eine Blume oder Rinde zu suchen, die in einem sehr alten Buch erwähnt wird und deren Spur sich verloren hat, und sie dann mit all ihren vergessenen, aber unversehrten Zauberkräften in einem Winkel Australiens oder Afrikas zu finden.

Welche Entdeckungen und auch welche Enttäuschungen! Ein alter chinesischer Arzt, der von meinem Ruf angetan war, vertraute mir eines Tages eine seltene Pflanze an, mit der er an sich selbst ein außerordentlich verjüngendes Peeling vorgenommen hatte, die ich hingegen niemals benutzen konnte – auch wenn ich sie in kleinen Dosen anwendete –, ohne schlimme Ausschläge hervorzurufen.

Während dieser ganzen Zeit – von 1920 bis heute – entwickelte sich meine Firma unaufhörlich auf den Grundlagen, die ich in groben Zügen skizziert habe. Das Personal, das mir untersteht, wuchs von den fünftausend Angestellten im Jahre 1920 zu mehr als fünfundzwanzigtausend im Jahre 1957. So entstand das Unternehmen, dessen Mechanismus heute mit einem riesigen Räderwerk zu vergleichen ist. In keinem Augenblick habe ich mich auf meinen Lorbeeren ausgeruht. Die wissenschaftliche Ernte dieser Periode hat alle jene Produkte bereichert, die Schönheitspflege, Vitaminzufuhr, Hormone und Zellsäfte umfassen und auf die Haut belebend wirken.

Mir scheint jedoch, daß noch viel zu entdecken bleibt. Manches ist noch unbekannt, so die Hautveränderungen, die ebenso wie die Verjüngungsverfahren in meinem Laboratorium in Saint-Cloud und in Long-Island in monatelanger

Forschungsarbeit ergründet werden. Heute muß ich mich weitaus mehr als früher zwingen, meine Ungeduld zu bezähmen; denn die Zeit ist mehr denn je mein Feind. Gegen sie habe ich immer gekämpft. Mein ganzes Leben lang habe ich kein anders Ziel gehabt, als sie zurückzuschlagen, ihr den bösen Griffel zu entwinden, mit dem sie das Antlitz der Frau zeichnet, und ihr das erbarmungslose Gewicht zu nehmen, mit dem sie zarte Schultern beschwert.

Besuch in Israel

Patrick O'Higgins

Madame bestellte einen Drink und sagte: »Ich habe versprochen, Palästina aufzusuchen. Morgen fahren wir«.
Unsere Reiseroute verlangte einen solchen Umweg nicht. Eigentlich sollten wir direkt von Australien nach Paris zurückfliegen.
»Warum Palästina?«
»Familienangelegenheiten.«
Madame war noch nicht in der Stimmung, mir mehr zu sagen, und obwohl ich wußte, daß sie dort Verwandte besaß, wußte ich auch, daß ein Besuch bei ihnen nicht eben die Form der Therapie war, die sie mochte.
Aber auf dem letzten Stück unseres langen Fluges, als wir über dem Toten Meer waren, vertraute Madame mir an: »Ich werde ein Museum und eine Fabrik errichten, in... in? nicht in Jerusalem, sondern in der anderen Stadt.«
»Tel Aviv?«
»Ja, dort.«
Wir hatten Israel wiederholt gemeinsam besucht und Madame hatte noch immer nicht gelernt, diese mutige, aber auch mutwillige Nation anders als Palästina zu nennen, oder: »Du weißt schon, dort, wo die Juden jetzt leben.«
»Ein Museum *und* eine Fabrik?« Ich fand die Verbindung sonderbar.
»Ja, beides. Ich kann das eine nicht ohne das andere bauen.«
»Wieso?«

»Es ist ein Deal. Die wollen ein Museum, und ich will eine Fabrik.«

»Eine Hand wäscht die andere oder als Unterstützung?«

»Beides.«

In Tel Aviv wurden wir von einer riesigen Delegation begrüßt. »Was sind das für Leute?« fragte ich Madame, die eben einen kecken »Sommer«-Bowler aus geflochtenem Stroh zurückrückte, den sie in Bangkok aufgetan hatte. »Wahrscheinlich Bettler!« antwortete sie.

Das waren sie wohl kaum.

Rangniedrigere Regierungsminster, Journalisten und Mitglieder ihrer Familie, die nun in Israel lebten, bildeten eine begeisterte Gruppe. Sie trugen Willkommenssträuße aus Geißblatt, Lilien und wildem Jasmin in den Händen. Warme, feuchte Körper erdrückten Madame fast.

»Hol mich hier weg!« flehte sie. »Ich ersticke!«

Das Dan Hotel, wo wir wohnten, sah aus wie ein französisches Provinzkasino. Es war modern und roch nach Karbolseife.

Tel Aviv, unser Hauptquartier, wirkte morsch und häßlich. Die Architektur erinnerte mich an Casablanca und manche Abschnitte der oberen Bronx. Die hohen modernen Gebäude waren bereits baufällig. Das betonte die Düsterkeit der Straßen, die Doppelvillen und Appartmenthäuser säumten. Nur in Ayelet Hahabar nördlich des Sees von Galilea, Cäserea und Shaiku Zion fühlte ich mich nicht von den übertriebenen, wenngleich freundlichen Bemühungen einer Schar wohlmeinender Leute bedrängt, die es Madame unbedingt behaglich machen wollten.

Sie hielten uns auf Trab und brachten uns dazu, »phantastische« Ausblicke zu betrachten, »phantastische« Konzerte anzuhören und erbaten sich von uns »phantastische« Lobesworte. »Phantastisch« war in der Tat ihre stolze Ergebenheit für dieses Land, das sie kultiviert hatten, oft mit Gewalt und dann mit liebevoller Sorgfalt. Später, als ich mit Madame Rußland besuchte und uns die Intourist-Reiseleiter ständig aufforderten, in den Chor der Lobeshymnen für die Leistungen des »Genossen Lenin« einzustimmen, fielen sie mir wieder ein.

»Verrückte Leute!« sagte Madame immer wieder. »Aber sehr engagiert.« Sie wechselte den Ton, als wir Mrs. Weizmann, Ben Gurion und Golda Meir aufsuchten.

Das offizielle Frühstück mit Mrs. Weizmann hätte ebensogut in Mayfair statt in ihrem Haus in Rehovot stattfinden können. Sie empfing Madame Rubinstein in einer gutsortierten Bibliothek, die Unmengen von Blumen, Chippendale-Möbel und signierte Photos führender Weltpolitiker ausfüllten. Zwischen Balfour und Smuts starrte Churchill auf uns; Wilson, Roosevelt und Eisenhower standen dagegen auf einem separaten Tisch, ebenso drei aufeinander folgende englische Könige und Kaiser Haile Selassie.

Mrs. Weizmann war Israels *Grande Dame*. Sie war von gelassener Heiterkeit. Ihre blassen Züge waren eher angelsächsisch als slawisch. Anfangs erinnerte sie mich an die Frau eines englisches Pairs, die wohl oder übel die Mitglieder eines amerikanischen Gartenvereins empfangen muß. Doch sobald es Madame Rubinstein, die in einem ihrer chinesischen Gewänder prächtig wirkte, gelang, ihre Aufmerksamkeit zu fesseln, wirkte sie wie jede andere ältere Frau, die sich für ihr Aussehen interessiert.

»Trockene Haut?« hörte ich sie fragen.

»Keine Sorge«, antwortete Madame mit professionellem Freimut, »ich habe genau das richtige Produkt für Sie!«

Ich wußte kaum etwas über Chaim Weizmann, dessen Bronzebüste von Jacob Epstein auf einem riesigen Pult den Ehrenplatz innehatte, von einer weiteren Schar berühmter Männer umringt. Madame half mir später nach. »Er erfand eine Art von Sprengstoff. Das war im Krieg von 1914 von Nutzen. Er verlangte kein Geld dafür…«, sie verzog den Mund ob solcher Dummheit, »aber er wollte den Juden eine Heimat schaffen. Ihre eigene Heimat. Palästina! Er bekam es. Er war ein Zionist und wurde der erste Präsident. Der Gründer. Ob sich die ganze Aufregung gelohnt hat?«

Unser nächster Besuch galt Ben Gurion, dem Premierminister, der Madame zu Ehren ein Mittagessen gab. Anwesend waren jede Menge weiterer offizieller Persönlichkeiten, die in Hemdsärmeln herumsaßen, die Uniform, die von ihnen anscheinend bevorzugt wurde wie die Maojacke in China. Das Essen war, als es aufgetragen wurde, angenehm koscher. Mr. Ben Gurion saß Madame gegenüber, in der Mitte einer langen Tafel. Ich war an einem Ende zwischen zwei dralle Damen gezwängt, deren Unterhaltung zwischen Abwasserrohren und Koeduktion hin- und herlavierte.

Die Franzosen behaupten, daß, wenn bei einem Mahl zwanzig Minuten nach der vollen Stunde eine Pause entsteht, ein Engel vorbeigeht. Eine solche Stille entstand – und ich dachte an eine Anekdote über Jean Cocteau, der, zum Essen geladen bei einer für ihren Mangel an Konversation und ihr schlechtes Essen berühmten Gastgeberin, auf einmal erklärte: »Eben ist ein Engel durchgegangen!« Alle blickten erstaunt auf. Dann setzte Cocteau hinzu: »Rasch, wir wollen ihn essen!«

In Erinnerung daran schmunzelte ich wohl, da fing ich Ben Gurions Blick auf. Er war offensichtlich gelangweilt.

»Wer ist Ihr Goj da?« Ich hörte, wie er zu Madame hin brummte und dabei auf mich deutete.

»Mein Goj?« Sie spähte unbestimmt in meine Richtung.

»Der einzige Goj hier!« betonte Mr. Ben Gurion.

»Das ist Patrick!« strahlte Madame. »Und… ja, er ist mein Goj!«

Golda Meir, unser letzter offizieller Besuch, war damals Außenministerin. Sie schien nur an Madames möglichem Beitrag für Israel interessiert zu sein. Noch war über das Museum und die Fabrik nichts vereinbart worden.

Die beiden starken Frauen, deren Herkunft sich nicht sehr unterschied, trafen einander in einem kleinen, aufgeräumten Büro.

Mrs. Meir wirkte kurz angebunden, aber freundlich, Madame hingegen war in der Defensive. Sie war den Umgang mit solchen Frauen nicht gewöhnt, außer es waren ihre Untergebenen, und sie konnte nicht anders, als mir zuzuflüstern: »Ist das zu fassen! Kein Make-up!«

»Madame Rubinstein, was halten Sie von unserem Land?« fragte Mrs. Meir.

»Wenn ich beabsichtige, eine Fabrik und ein Museum zu errichten, muß ich sehr viel davon halten.«

»Was von beidem halten Sie für wichtiger?«

»Die Fabrik.«

»Das denke ich auch.«

Wörter begeisterten sie nicht

Die »New York Times« veröffentlichte am 2. April 1965 einen ausführlichen Rubinstein-Nachruf.

Helena Rubinstein, Multimillionärin, Schönheitsexpertin und Kosmetikherstellerin starb gestern morgen im New Yorker Krankenhaus, in das sie Dienstagnacht eingeliefert worden war. Sie hat ihr Alter immer geheim gehalten, aber Kollegen sagen, daß sie 94 Jahre alt wurde.

Sie hinterläßt einen Sohn, Roy Titus, Vorsitzender des Aufsichtsrates Helena Rubinstein Inc., dessen Sitz sich in der 655 Fifth Avenue befindet.

Herr Titus wird jetzt den Vorstand ihres Kosmetikimperiums übernehmen, zu dem ein Vermögen von 17,5 Million Dollar, Fabriken, Salons und Laboratorien in vierzehn Ländern gehört.

Ihr Neffe Oscar Kolin, Vizepräsident, und ihre Nichte Mala Rubinstein, die für den kreativen Bereich verantwortlich ist, werden ihm zur Seite stehen.

Frau Rubinstein, deren Privatvermögen auf mehr als 100 Millionen Dollar geschätzt wird, erzielte mit einem Töpfchen Creme mehr Wunder als sie ihren Kunden je zu versprechen gewagt hätte. Über ihre Kosmetik wurde sie eine berühmte Kunstsammlerin, eine georgische Prinzessin, eine der reichsten Frauen der Welt und eine aufregende amerikanische Legende.

Frau Rubinstein unterhält großzügige Wohnsitze in der 625 Park Avenue, in Greenwich, Conn., Paris und London.

Nach dreiundvierzig Jahren harter Arbeit, hat die in Polen geborene Industriemagnatin das Interesse und die Begeisterung für ihre Produkte, mit denen sie sich einen Namen gemacht hat, nicht verloren. 110 gibt es von diesen in den USA.

»Ich glaube, daß ich eine Arbeit von 300 Jahren in meiner Zeit geleistet habe«, sagte sie einmal. Von ihren Angestellten erwartete sie dieselbe durchschlagende Energie und Anstrengung.

»Wenn Madame anfing, ihre Ringe von den Fingern abzustreifen«, erinnert sich ein ehemaliger Angestellter, »wußte jeder, daß sie entweder mit der Faust auf den Tisch oder die ihr gegenüber stehende Person schlagen würde«. Ihr Temperament war schreckenerregend, aber von ebensolcher Intensität war die Zuneigung zu ihren Angestellten, die ihr gedient hatten.

Als vor einigen Jahren eine bedeutende Vorstandsvorsitzende die Gesellschaft verließ, überreichte Frau Rubinstein ihr angeblich einen Scheck über 100 000 Dollar. Als sie ging, so sagt man, habe Frau Rubinstein einen Rubinring von ihrem Finger gestriffen und der Frau angesteckt.

»Ich möchte, daß mein Geschäft mich nach meinem Tod um 300 Jahre überlebt«, sagte sie oft. Die Personen, die sie mit Verantwortung betraute, waren meistens Familienmitglieder.

»Sie besaß starre Stammesvorstellungen«, sagt ein Bekannter. »Als ein Angestellter sie darum bat, in eine höhere Positon befördert zu werden, hat sie ihn erschreckt angesehen und gesagt, ›wie soll das gehen, wir sind nicht einmal verwandt‹.«

Obwohl sie keine hübsche Frau war, wurde sie zum Schönheitssymbol. Selbst als ihre Haut Falten bekam, inspirierte sie andere Frauen dazu, bestmöglich auszusehen.

»Kosmetik soll den gegebenen Charme, die angeborene Schönheit nur unterstreichen und begünstigen, sie darf nie Ersatz sein«, sagte sie einmal.

Trotz ihres Alters war Madame, wie ihre Kollegen sie zu nennen pflegten, sehr daran interessiert, mit der Zeit zu gehen.

»Zu altmodisch! Das ist zu altmodisch«, sagte sie letzte Woche verächtlich in ihrem Büro, wohin man ihr die neue Kosmetikwerbung zur Ansicht gebracht hatte.

Frau Rubinstein, eine schmale untersetzte Frau − sie maß 145 cm − drückte sich mit ihren Händen und dunklen Augen aus. Sie sprach Englisch mit starkem Akzent.

»Madame sprach keine Sprache sehr gut − Englisch, Französisch, Jiddisch, selbst Polnisch −, aber das hinderte sie nie daran, genial zu sein«, sagt ein Freund.

Wörter begeisterten sie nicht. Sie sagte, daß sie sehr gern Bridge spiele, »weil man da nicht sprechen muß.« Sie begrüßte Geschäftskollegen mit »Was gibt's Neues?« und erwartete schnelle Antwort.

Ihre gebieterische Art, ihre Ungeduld und ihren Mut konnten auch drei Einbrecher nicht beeinträchtigen, die letzten Mai eines Abends in ihr 26 Zimmer großes Penthouse in der Nähe der 65th Street eindrangen. Nachdem die Männer einen Liftboy, ein Hausmädchen, einen Sekretär und einen Laufjungen gefesselt und geknebelt hatten, wachte Frau Rubinstein auf und warf dem Mann, der in ihr Schlafzimmer eingedrungen war, einen kalten Blick zu.

Als dieser ihr mit den Worten »Geben Sie mir den Schlüssel oder ich töte Sie« befahl, einen Safe zu öffnen, nahm sie ihre souveräne Haltung ein. »Ich bin eine alte Frau«, fuhr sie ihn an. »Sie können mich töten. Ich werde es nicht zulassen, daß Sie mich berauben. Und jetzt verschwinden Sie«.

Der Eindringling befahl Frau Rubinstein, das Bett zu verlassen und fesselte sie an einen Stuhl, um nach dem Safeschlüssel zu suchen. Frau Rubinstein, deren Stimme eine beeindruckende Höhe erreichen konnte, begann zu schreien. Die Mann ergriff die Flucht, ohne auch nur irgend etwas mitzunehmen.

Frau Rubinstein haßte *small-talk* und beklagte sich in ihrem letzten Lebensjahr über das Alleinsein. Bei persönlichen Ausgaben war sie sparsam, obwohl ihre private Kunstsammlung auf 1 Million Dollar geschätzt wurde. Die Frau, die Gemälde von Picasso, Matisse, Renoir, Chagall, Dali und Graham Sutherland besaß, nahm ihr Mittagessen in braunem Papier mit zur Arbeit.

»Gab sie eine Party und hörte von der Küche aus auch nur das kleinste Geräusch«, erzählt ein Freund, »kam sie herbeigerannt, um zu sehen, ob irgend etwas zerbrochen sei. Über eine zerbrochene Zehn-Cent-Schale war sie genauso bekümmert wie über die Scherben eines viel kostbareren Stückes.«

Enge Freunde ließen Frau Rubinstein beim Bridge nie verlieren. Obwohl sie nur mit geringem Einsatz spielte, verursachte ihr der Verlust von 50 Cent schlechte Laune.

Beim Werben für Helena-Rubinstein-Produkte war sie sich selbst die größte Stütze. Sie wurde zur Gestalt internationalen Glanzes und arbeitete auch mit 94 Jahren hart, um dieses Image aufrecht zu erhalten. Jahrelang erschien in den USA keine Werbung ohne das Photo von Helena Rubinstein in weißem Kittel in einem Chemielabor mit einem

Blick, als ob sie gerade die Creme gegen Falten entdeckt hätte.

Ihre Kleider kaufte sie bei Balenciaga, Dior und Yves St. Laurent in Paris, obwohl es sie deprimierte, da sie nicht die ideale Figur für diese Mode hatte. Es gab Momente, in denen es ihr lästig war, gepflegt zu sein, und in späteren Jahren hielt sie Geschäftsgespräche im Schlafzimmer ihrer New Yorker Wohnung ab.

»Madame schien immer ein 4.99 Dollar teures Baumwoll-Nachtgewand zu tragen«, berichtet ein ehemaliger Mitarbeiter.

Ihr Bett mit Kopf- und Fußende aus Plexiglas, das fluorizierend leuchtete, hatte sie für 675 Dollar erstanden, ihrer Meinung nach ein Spottpreis.

Sie sammelte Juwelen – einige waren einst im Besitz der russischen Katharina, andere hatte sie aufgrund von Beschädigungen für wenig Geld gekauft. Der Wert ihrer Juwelen wurde auf eine Million Dollar geschätzt. Es amüsierte sie, Modeschmuck für 5-10 Cent zusammen mit ihren echten Steinen zu tragen. Dazu legte sie rubinroten Lippenstift und Nagellack auf.

Frau Rubinstein bestand darauf, viel zu essen – Rohkost, Obst, Gemüse, Borschtsch und gebratenes Hähnchen gehörten zur ihren Lieblingsspeisen – und sie weigerte sich, etwas an ihrem schwarz-blau gefärbten Haar zu ändern, das sie streng nach hinten gekämmt und zu einem Knoten gebunden trug.

Alter und Müdigkeit hielten sie nicht davon ab, ihren Geschäften im Alleingang nachzugehen und Filme anzusehen. (Letzte Woche hat sie »Goldfinger« gesehen und sich gut amüsiert.)

134

Ständig war sie von dem Gedanken geplagt, daß ihre Belegschaft nicht hart genug arbeitete oder nicht mit ebenso guten Ideen kam, wie sie sie immer hatte.

In ihrer New Yorker Wohnung hatte sie ein Zimmer im Stile englischen Rittertums, ein spanisches Eßzimmer, ein viktorianisches Zimmer, ein georgisches Eßzimmer, ein Biedermeier-Zimmer, ein holländisches Zimmer, ein Zweites-Kaiserreich-Zimmer, ein Rennaissance-Zimmer, ein Zimmer im Stil der fröhlichen Neunziger, einen Früh-Amerikanischen-Wohnraum, eine österreichische Küche und einen Königin-Anne-Wohnraum.

In ihrem Schlafzimmer befand sich eine Sammlung pinkfarbener Opale und das Dali-Zimmer war ausschließlich für Bilder von Dali bestimmt.

Sie besaß eine der führenden Sammlungen afrikanischer Kunst. Sir Jacob Epstein, der Bildhauer, war der erste, der ihr Interesse für primitive Kunst weckte als er vor mehr als zwei Jahrzehnten mit ihr durch die französischen Antiquitätenläden ging.

Die Helena-Rubinstein-Stiftung, die sie 1953 ins Leben rief, hält Fonds für Gesundheitseinrichtungen, die medizinische Forschung und die Behandlung von Kindern bereit. Sie unterstützt auch die Amerikanisch-Israelische-Stiftung und organisiert Stipendien für israelische Kunststudenten.

Frau Rubinstein blieb der ersten Gesichtscreme, die sie selbst herstellte, treu – ursprünglich hieß sie »Valaze«-Reinigungscreme, später war sie als »Wake-Up-Cream« bekannt.

Die Beerdigung findet am Sonntag in privatem Kreis statt.

Lebensdaten

1870	Helena Rubinstein wird am 25. Dezember in Krakau geboren.
1892	Aufbruch nach Australien.
1902	Eröffnung eines Schönheitssalons in Melbourne.
1904	Dermatologisch-medizinische Studien in London, Wien, Paris, Berlin, Dresden.
1907	Sie heiratet Edward J. Titus.
1908	Schönheitssalon in London eröffnet.
1909	Sohn Roy Valentine wird geboren.
1912	Schönheitssalon in Paris eröffnet. Sohn Horace Gustav wird geboren.
1915	Gründung der Rubinstein Inc. in New York.
1918	Verkauf der Rubinstein Kosmetika in Warenhäusern. Zur gleichen Zeit entstehen Kosmetikschulen und Demonstrationskurse.
1929	Verkauf des Rubinstein Unternehmens, ein Jahr später Rückkauf.
1937	Im November Scheidung von Edward J. Titus.
1938	Helena Rubinstein heiratet am 11. Juni den georgischen Prinzen Artchil Gourielli-Techkonia.
1953	Gründung der Helena Rubinstein Foundation, die medizinische Forschungsarbeit fördert.
1959	Offizielle Repräsentantin der amerikanischen Kosmetikindustrie auf der »American National Exhibition« in Moskau.
1965	Am 1. April stirbt Helena Rubinstein in New York.

Bibliographie

I. Helena Rubinstein
My Life for Beauty. Autobiography, New York 1965 (deutsch: Das Geheimnis schön zu sein. Ein Schönheitsbrevier, Bern-München-Wien 1966)
Je suis Esthéticienne, Paris 1957 (deutsch: Ein Leben für die Schönheit, Zürich 1958)

II. Sekundärliteratur
Niels Alexander, »Die Kaiserin der Kosmetik«, in: *Die Welt,* Nr. 173, 28. Juli 1976
Lois W. Banner, American Beauty, Chigaco 1983
Edmonde Charles-Roux, zitiert in: Helena Rubinstein, Ein Leben für die Schönheit, Zürich 1948
Janet Flanner, »De diverses formes de beauté«, in: *L'œil* Nr. 34, Oktober 1957
Hugh Ford, Published in Paris, London 1975
Patrick O'Higgins, Madame. An Intimate Biography of Helena Rubinstein, London 1971
Elaine Brown Keiffer, »Madame Rubinstein, the Little Lady from Krakow«, in: *Life,* 21. Juli 1941
Rudolf Kinzel, Parfüms. Der heiße Markt der teuren Düfte, Berlin 1993
»Helena Rubinstein dies here at 94«, in: *The New York Times,* 2. April 1965
Max Schäfer, »Werde schön mit Helena«, in: ders., Die Mächtigen der Wirtschaft, Würzburg 1972
Jo Swerling, »Beauty in Jars and Vials«, in: *The New Yorker,* 30. Juni 1928
Sibylle, »Besuch bei Madame«, in: *Der Stern,* Nr. 14, 1964

Textnachweise

Madame kommt immer zuerst. Aus: Patrick O'Higgins, Madame. An Intimate Biography of Helena Rubinstein, London 1971

»You have to be klug«. Aus: Sibylle, »Besuch bei Madame«, in: *Der Stern,* Nr. 14/1994

»Unüberbietbar geizig«. Aus: Claire Goll, Ich verzeihe keinem, Bern-München 1978

Die Kunstsammlerin. Aus: Janet Flanner, »De diverses formes de beauté«. In: *L'œil,* Nr. 34, Oktober 1957

Im Kampf gegen die Zeit. Aus: Helena Rubinstein, Ein Leben für die Schönheit, Zürich 1958

Besuch in Israel. Aus: Patrick O'Higgins, Madame. An Intimate Biography of Helena Rubinstein, London 1971

»Wörter begeisterten sie nicht«. In: *The New York Times* vom 2. April 1965

Übersetzungsnachweise

Die Texte des Bandes wurden aus dem Englischen übertragen von Birgit Bramlage (O'Higgins, Madame kommt immer zuerst), Katherina Poland (New-York-Times-Nachruf), Michaela Wunderle (O'Higgins, Besuch in Israel), bzw. aus dem Französischen von Katherina Poland (Janet Flanner).

apropos Leonora Carrington

Mit einem Essay
von Tilman Spengler
ISBN-3018-0279-1

Sie entstammt einer streng katholischen Familie der englischen Großbourgeoisie, sie läßt sich von mystischen und okkulten Ritualen, von Feminismus, Tantrismus und der Psychoanalyse beeinflussen, sie verfügt über einen rebellischen Anarchismus und sie ist Meisterin eines unbestechlichen Humors. All das verleiht ihrem künstlerischen Schaffen seine Besonderheit.

Leonora Carrington lebte, malte und schrieb aus der surrealistischen Bewegung heraus. 1917 in England geboren, folgt sie 1937 Max Ernst nach Paris, schließt sich dort den Surrealisten an, zieht weiter über Südfrankreich, Spanien, New York nach Mexiko, wo sie heiratet, zwei Söhne zur Welt bringt und heute noch lebt. Leonora Carringtons Bilder und Texte beeindrucken durch eine magische Poesie, die auch ihre Person auszustrahlen scheint.

Tilman Spengler porträtiert in seinem Essay »Affinitäten« die geistreiche und beeindruckende Künstlerin. Begegnungen und Reflexionen, Beobachtungen und literarische Sentenzen verwebt er zu einer kunstvollen Collage.

Verlag Neue Kritik • Kettenhofweg 53 • 60325 Frankfurt

apropos Lee Miller

Mit einem Essay
von Antony Penrose

Starmodell, Photographin und Kriegsberichterstatterin.
Das aufregende wie rastlose Leben der Lee Miller (1907-
1977) ist umrankt von Legenden. Die junge Amerikanerin
zieht es 1929 nach Paris, wo sie Man Rays Modell, Schüle-
rin und Geliebte wird. Paris bleibt nur eine Station in
ihrem Leben. Über Ägypten und die USA geht sie nach
England. Sie ist so launisch wie großzügig, so kämpferisch
wie loyal. Während des Krieges arbeitet sie als Photojour-
nalistin für »Vogue«. Ihre Bilder und Texte dokumentieren
zerstörte Städte und tiefes menschliches Leid. Nach 1945
fällt es Lee Miller schwer, zur Modephotographie zurückzukehren. Sie heiratet den englischen Maler Roland Penrose,
bekommt Sohn Antony, und kapselt sich mehr und mehr
von der Umwelt ab. Sie stirbt 1977 im Alter von 70 Jahren
in Sussex.

Antony Penrose versucht in seinem Essay, das »Rätsel Lee
Miller« zu lösen. Dabei erfährt er von Ereignissen und
Brüchen in ihrer Biographie und findet auf diesem Wege
ein spätes Verständnis für seine Mutter, die ihm zu Lebzei-
ten eine Fremde war.

Verlag Neue Kritik • Kettenhofweg 53 • 60325 Frankfurt